KB189260

죽음은 내 인생 최고의 작품

어떻게 사느냐가
어떻게 죽느냐를 결정한다

How We Live Is
How We Die

페마 초드론 지음

이재석 옮김

HOW WE LIVE IS HOW WE DIE
by Pema Chödrön
© 2022 by the Pema Chödrön Foundation
Korean Translation © 2023 by Bulkwang Media Co.

Published by arrangement with Shambhala Publications, Inc.,
Boulder through Sibylle Books Literary Agency, Seoul

죽음은 내 인생 최고의 작품

어떻게 사느냐가
어떻게 죽느냐를 결정한다

How We Live Is
How We Die

페마 초드론 지음
이재석 옮김

불광출판사

2020년 2월, 91세를 일기로 세상을 뜬
나의 사랑스러운 자매 패트리샤 빌링스에게
커다란 사랑과 감사의 마음을 담아
이 책을 바친다.

하루에 다섯 번씩
죽음에 대해 생각하면
행복이 일어날 것이다.

_부탄 속담

목차

들어가며

붓다가 제자들에게 자신이 말한 모든 것을 그들 스스로 먼저 확인하지 않은 채 믿지 말라고 가르친 일은 유명하다. 붓다는 도그마(독단)가 아닌 직접 경험을 중시했다. "내 말을 곧이곧대로 받아들이지 말라. 금 세공사가 세밀히 금을 살피듯 나의 가르침을 살피라." 붓다는 자기 이익에 너무 초점을 두면 고통과 불안이 일어난다고 가르쳤다. 또 사랑과 배려를 다른 사람에게(모르는 사람이나 우리를 힘들게 하는 사람에게도) 확장하면 기쁨과 평화가 일어난다고 가르쳤다. 이것은 자기 경험을 통해 검증할 수 있는 부분이다. 이 가르침에 확신이 필요하다면 우리는 몇 번이고 스스로, 직접 그것을 확인해볼 수 있다.

　　그러나 이 책에 제시한 가르침은 그와는 다른 영역에 속하는 듯 보인다. 이 책에 자주 등장하는 '바르도(bardo)'라는 티베트어는 우리가 죽은 뒤 다음 생에 이르기 전에 거치는 시간을 가리킨다. 그런데 우리가 죽은 뒤 어떤 일이 일어날지 자기 경험으로 어떻게 증명할 수 있을까? 다음 생이 있다는 걸 어떻게 확인할 수 있을까? 이어지는 장들에서 당신은 밝게 색칠한 빛들, 귀청이 터질 듯 시끄러운 소리, 배고픈 아귀, 평화롭고 화난 신들에 관한 묘사를 보게 될 것이다. 어떻게 하면 금 세공사가 금을 살피듯 이 가르침을 살펴볼 수 있을까?

내 의도는 티베트의 세계관에서 말하는 사후관을 당신이 죽은 뒤 일어나는 일들에 관한 확정된 사실로 무작정 받아들이게 하려는 게 아니다. 어떤 것을 '이렇다' 또는 '저렇다'라고 확정적으로 말하는 것은 핵심을 빗나간 것이다. 그것은 붓다의 가르침에 깃든 정신과도 어긋난다. 한편 오늘날 분별 있는 많은 사람이 바르도의 가르침을 공부하며 진지하게 받아들이고 있다. 그들은 그것을 학문적 주제뿐만 아니라 자기 삶을 향상하는 심오한 지혜의 원천으로 받아들인다. 이 전통적 가르침을 우리의 직접 경험을 토대로 확증하는 것은 불가능할지 모른다. 그러나 티베트의 세계관을 믿든 안 믿든, 바르도 가르침의 본질에 닿는다면 우리가 죽은 다음뿐 아니라 올해, 오늘, 아니 지금, 이 순간에도 우리에게 이로움을 가져다줄 것이다.

이 가르침은 『바르도 퇴돌(Bardo Tödrol)』이라는 고대 티베트 텍스트에 기초하고 있다. 영어로는 『The Tibetan Book of the Dead』라는 제목으로 처음 번역된 책*이다. '바르도 퇴돌'은 문자 그대로는 "중간 상태에서의 들기를 통한 벗어남"이라는 의미다. 『바르도 퇴돌』은 죽은 뒤 바르도 상태에 들어간 사람에게 읽어주는 것을 목표로 쓰였다. 그것은 죽은 사람이 지나는 다양한 경험을 묘사한 것으로, 이번 생에서 다음 생으로 옮겨가는 혼란스러운 여정을 잘 살펴 가는 안내서로 사용한다. 『바르도 퇴돌』을 들으면 평화로운 죽음, 평화로운 여정, 좋은 삶으로 다시 태어날 가능성이 커진다고 한다. 최상의 시나리오라면 '삼사라(samsara)'라는 생사윤회의 고통에서 완전히 벗어날 수 있다고 한다.

● 한국엔 『티베트 사자(死者)의 서』로 번역 출간.

'바르도'라는 용어는 이번 생과 다음 생 사이의 중간 상태와 관련되지만, 더 넓은 의미로 번역하면 '이행(移行, 옮겨 감)' 또는 '틈' 정도가 될 것이다. 죽음 이후 펼쳐지는 여정은 이행의 여정이지만, 우리의 경험을 자세히 살펴보면 우리는 늘 이행하고 있음을 알게 된다. 우리 삶의 모든 순간에 어떤 일이 끝나고 있으며, 그와 동시에 다른 일이 다시 시작되고 있다. 이것은 소수의 사람만이 아는 신비한 개념이 아니다. 주의를 기울이면 우리가 언제나 이행 중이라는 사실은 오해의 여지 없는 경험으로 다가온다.

『티베트 사자의 서』에는 여섯 개의 바르도가 나열되어 있다. 이번 생의 자연스러운 바르도, 꿈의 바르도, 명상의 바르도, 죽어감의 바르도, 다르마타의 바르도, 되어감의 바르도가 그것이다.

지금, 이 순간 우리는 이번 생의 자연스러운 바르도에 있다. 이 책에서 계속 강조하겠지만 이번 생의 자연스러운 바르도는 우리가 해야 할 일이 놓여 있는 곳이다. 이 삶이 어떻게 바르도인지 이해함으로써 우리에게 일어날 수 있는 다른 바르도와 마주하는(그것이 아무리 낯설다고 해도) 준비를 할 수 있다.

죽어감의 바르도는 우리가 죽을 것임을 알 때부터 시작되어 마지막 숨을 거둘 때까지 지속된다. 그다음으로 다르마타의 바르도가 이어지는데, 이것은 '현상의 참된 성질'이라는 의미다. 마지막으로 되어감의 바르도가 있는데, 이 시간 동안 우리는 다음 생으로 이행하게 된다. 이 책에서 나는 이 세 가지 바르도에 대해 자세히 말한 다음, 그것들을 우리가 살아 있는 동안 거치게 되는 익숙한 경험과 연결해 볼 것이다.

지금부터 이야기할 내용에 대한 나의 바람은 당신이 어떤 믿음을 가졌든 이 가르침을 당신에게 의미 있고 유용하게 받아들이라는 것이다. 동시에 나는 당신이 이 가르침의 낯선 부분을 향해 '당신의 열린 마음을 가져오라'고 말하고 싶다. '열린 마음을 가져온다'는 표현은 나의 스승 지가 콩트룰 린포체가 즐겨 사용하는 표현이다. 나는 내 마음과 가슴이 의심에 찼을 때보다 호기심을 지닐 때 언제나 더 크게 개인적인 성장이 일어난다는 점을 깨달았다. 이 책을 읽는 당신도 의심보다 호기심으로 다가오길 바라는 마음이다.

현재의 삶에서 일어나고 있는 끝없는 이행의 흐름을 헤쳐 가는 법을 배운다면, 우리가 어떤 세계관을 가졌든 죽음과 죽음 이후의 일에 제대로 준비할 수 있을 것이다. 초감 트룽파 린포체를 비롯한 나의 스승들은 내게 이것을 어떻게 할 수 있는지 많은 가르침을 주었다. 나는 바르도에 관한 가르침을 적용하자 죽음에 관한 두려움과 걱정을 상당 부분 없앨 수 있다는 것을 경험으로 알았다. 그러나 그것 못지않게, 이 훈련으로 내가 일상의 경험에서 더 큰 생기와 열림, 용기를 갖게 되었다는 게 더 중요하다. 이것이 내가 여러분에게 이 가르침과 그것이 주는 이로움을 전하려는 이유이다.

1

태어남과 죽음이라는 경이로운 흐름

이 책은 죽음의 두려움에 관해 이야기하는 책이다. 더 정확히 말하면 이 책은 다음과 같은 질문을 던진다. '모든 두려움 가운데 가장 근본적인 두려움, 즉 죽음에 대한 두려움을 우리는 어떻게 대해야 할까?' 어떤 사람은 죽음에 관한 생각을 아예 마음에서 몰아내고는 마치 영원히 살 것처럼 행동한다. 어떤 사람은 자신에게 말한다. 오로지 삶만이 중요하다고 말이다. 왜냐하면 그들에게 죽음이란 '아무것도 존재하지 않는 상태'와 동의어이기 때문이다. 또 어떤 사람은 건강과 안녕에 집착하며, 불가피하게 직면해야 하는 것이라면 최대한 오래 피하는 것에 삶의 토대를 둔다. 사람들이 죽음의 불가피성에(그리고 죽음이 일으키는 두려움에) 자신을 온전히 열고 그에 따라 살아가는 경우란 그리 흔치 않다.

그러나 나는 이런 식으로 죽음에 자신을 여는 사람들이 오히려 삶에 더 많이 참여하고 자신이 가진 것에 더 크게 감사한다는 것을 알았다. 그들은 자신의 '자기 이야기'에

덜 빠져있으며 다른 사람과 지구 전체에 더 큰 이로움을 준다. 이런 사람들에는 나의 스승들뿐 아니라 전 세계의 영적 전통에 속하는 현자들이 있다. 그런데 보통 사람들 가운데도 죽음을 부정하지 않는 사람, 죽음에 집착하지 않는 사람도 많다. 그들은 자신이 언젠가 이 세상과 작별한다는 사실을 분명히 알고 있으며 이 앎과 조화를 이루며 살아간다.

몇 년 전 나는 뉴욕주 라인벡에 있는 오메가 인스티튜트에서 이 주제와 관련한 주말 세미나를 연 적이 있다. 내가 죽음과 죽어감에 관한 강연을 한다는 말을 처음 들은 어느 여성은 "실망이야!"라는 반응을 내게 털어놓았다. 그러나 프로그램이 끝나갈 무렵 그녀는 그 주제가 자기 삶을 바꿀 만큼 중요하다는 것을 알게 됐다. 죽음에 관한 가르침을 당신과 나누는 나의 바람은, 당신이 죽음에 익숙해지고 편안해졌으면 하는 것이다. 그리고 예전에 당신을 무섭게 만든 것들과 조화롭게 살았으면 한다. "실망이야!"라는 반응에서 해결책으로 옮겨갔으면 하는 게 나의 바람이다.

이와 연관된 나의 두 번째 바람은 여러분이 죽음에 열림으로써 삶에도 열렸으면 하는 것이다. 이 책에서 반복해 말하겠지만, 죽음은 삶의 끝에서 일어나는 특정한 사건이 아니다. 죽음은 삶의 매 순간에 일어나고 있으며, 우리는 태어남과 죽음 그리고 죽음과 태어남이라는 끝없이 이어지는 경이로운 흐름 속에 살고 있다. 한 가지 경험의 끝은 다른 경험의 시작이며, 이 경험이 마지막에 이르면 곧 또 따른 경험이 새롭게 시작된다. 그것은 마치 강이 끊임없이 흐르는 것과 같다.

대개 우리는 자기 경험을 특정한 방식으로 고정함으로써 이 흐름에 저항하며 살아간다. 우리는 단단히 붙잡을 수 있는 어떤 것을 구하려 한다. 여기서 당신에게 주는 지침은 편안하게 이완하며 내려놓으라는 것이다. 지금 우리는 이 끊임없는 흐름 속에 존재하는 데 익숙해지는 연습을 하려고 한다. 이완하고 내려놓으면서, 태어남과 죽음이라는 끝없는 흐름 속에 존재하는 것이야말로 우리가 죽음과 삶에 대해 갖는 두려움을 다루면서 그것이 녹아 사라지게 하는 방법이다. 그렇다고 해서 죽음과 삶에 대한 두려움이 반드시 사라진다고 보증할 수는 없다. 그런 일이 일어나지 않는다고 해서, 또 예상보다 오랜 시간이 걸린다고 해서 당신이 낸 돈을 돌려받지는 못할 것이다. 그러나 나는 이 방향으로 조금씩 움직여 왔고, 당신도 그렇게 할 수 있으리라 생각한다.

내가 따르는 대승불교 전통에서는 공부와 수행 또는 긍정적 활동을 시작할 때, 그것이 지닌 더 큰 목적을 생각해보는 게 일반적인 관례다. 예컨대 태어남과 죽음이라는 흐름에 익숙해지고자 할 때, 그것이 내가 처한 상황과 함께 살아가는 사람들에게 어떤 이로움을 줄까 생각해본다. 우리 스스로 삶과 죽음에 편안해질 때, 자신이 만나는 모든 대상에 어떤 긍정적 영향을 미칠지 생각해보는 것이다.

카오스 이론가들은 아마존 밀림에 사는 나비 한 마리의 날갯짓이 유럽 날씨에 영향을 미친다고 말한다. 우리의 세계가 얼마나 긴밀히 연결됐는지 보여주는 사례다. 이와 마찬가지로 우리의 마음 상태는 우리가 사는 세상에 영향을 미친다. 우리는 자신의 마음 상태가 주변 사람들에게 어떤 영향을 주는지 알고 있다. 당신이 누군가에게 얼굴을 찌푸리면 그 사람은 또 다른 사람에게 얼굴을 찌푸릴 것이다. 당신이 어떤 사람에게 미소를 지으면 그는 기분이 좋아 또 다른 사람에게 미소를 보낼 것이다. 마찬가지다. 당신이 일시적인 삶의 질과 죽음의 필연성에 더 편안해진다면, 그 편안함은 다른 사람들에게도 전해질 것이다.

우리가 자신과 타인에게 전하는 긍정적 에너지는 그게 무엇이든 사랑과 연민의 분위기를 일으켜 더 널리 퍼져나간다. 얼마나 멀리 퍼져나갈지 누가 알겠는가? 이를 염두에 두고 우리는 '최선의 자신'이 되어 죽음의 탐구에 임해야 한다. 즉 '우리 곁에 있는 존재들의 두려움과 고통에 민감하고 그것에 도움을 주기 원하는 자신'과 함께 죽음의 탐구에 닿을 수 있다. 적어도 우리는 어려움을 겪는 한 사람의 안녕을 위해 바르도를 지나는 특별한 여정을 바칠 수 있다. 시간이 지나면 거기에 몇 사람의 이름을 추가할 수 있다. 이렇게 하면 마침내 당신은 여러 쪽에 이르는 이름의 목록을 갖게 될 것이다.

지구상에 사는 수십억 명의 사람들은 보살핌과 도움이 필요하다. 우리는 우리 자신의 작은 향상이라도 그들에게 필요한 도움이 되겠다는 바람을 가질 수 있다. 우리가 직접적으로 도움을 줄 수 있는 사람은 소수에 불과하지만, 많은 사람에게 도움이 되고자 하는 우리의 바람에는 한계가 없다. 거기에는 모든 사람이 포함될 수 있다.

이런 식으로 자신의 바람과 서원을 세우는 것을 연민의 핵심인 '보살심을 일으킨다'고 한다. 또는 지가 콩트룰 린포체(Dzigar Kongtrul Rinpoche)가 이름 붙인 것처럼 '깨어남의 마음자세'이다. 우리가 다르마를 배우는 것은 자기 자신뿐 아니라 지구상 모든 사람에게 도움을 주기 위해서다.

2
끊임없는 변화

어떤 사람은 우리가 죽는 순간 의식도 끝이 난다고 생각한다. 또 어떤 사람은 몸이 죽어도 의식은 계속된다고 믿는다. 어쨌거나 모든 사람이 동의하는 것이 있다. 우리가 살아 있는 이번 생에 모든 것이 끊임없이 흘러가고 있다는 사실이다. 끊임없이 흘러가는 중에 모든 것은 또한 끊임없이 변화한다. 모든 것이 끊임없이 종말에 이르고, 또 끊임없이 새로운 탄생에 이른다. 죽음과 재탄생, 또 그다음의 죽음과 재탄생이라는 끊임없는 과정이 존재한다. 살아 있는 모든 존재가 거치는 이 경험을 '무상'이라고 한다.

붓다는 우리의 영적인 여정에서 가장 중요하게 숙고해야 할 주제 중 하나로 무상을 강조했다. 붓다는 말했다. "모든 동물의 발자국 가운데 코끼리 발자국이 가장 큰 것처럼 모든 명상 주제 가운데 무상이라는 주제를 넘어서는 것은 없다."

무상을 숙고하는 것은 바르도의 가르침, 그리고 죽음

에 관한 가르침에 들어가는 가장 좋은 방법이다. 이것은 무상보다 어려운 주제들과 비교할 때, 끊임없는 변화라는 무상의 주제는 알아보기도 쉽고 이해하기도 수월하기 때문이다. 계절은 바뀌고 날도 바뀌며 하루 중의 시간 역시 잠시도 쉬지 않고 변한다. 우리 자신도 늘 변하고, 우리는 매 순간 여러 가지 변화를 경험한다. 이런 변화는 우리 주변과 내면에서 잠시도 멈추지 않고 일어나고 있다.

그런데 어떤 이유에서인지 우리는 지금 일어나고 있는 일을 온전히 알아보지 못한다. 우리는 모든 것이 사실보다 더 고정된 것처럼 행동하는 경향이 있다. 우리는 삶이 지금과 똑같이 계속 머물 것이라는 환상 속에 산다. 이를 생생히 보여주는 최근의 사례는 코로나 바이러스 팬데믹이었다. 우리는 세상이 지금 상태로 계속 유지되는 것을 당연하게 여기며 살았지만, 모든 것이 상상하지 못한 방식으로 갑자기 뒤집혔다.

우리는 평생토록 변화를 경험하면서도 우리 안의 어떤 것은 안정적이어야 한다는 주장을 절대 멈추지 않는다. 모든 변화를, 심지어 좋은 방향으로 변화하는 것도 다소 불편하게 느낀다. 그것이 삶에 대한 우리의 근본적인 불확실성을 드러내 보이기 때문이다. 우리는 모든 것이 언제나 변화하고 있다는 사실을 분명하게 보기보다, 딛고 설 든든한 토대가 있어야 한다고 생각한다. 끊임없는 변화라는 현실을 있는 그대로 받아들이기보다 그것을 부정하고 싶어 한다.

우리는 자신의 감정 상태에서 있어서도 항상성의 느낌을 놓지 않으려 한다. 기분이 좋거나 나쁘거나, 행복하거나 슬프거나, 낙관적이거나 비관적이거나 상관없이 느낌이 일시적이라는 사실을 잊는 경향이 있다. 모든 것이 끊임없는 변화 속에 있음을 우리가 기억하지 못하도록 만드는 메커니즘이 작동하는 것 같다. 지금 느끼는 불안이나 기쁨이 사는 동안 영원히 지속될 것만 같다. 행복을 느끼더라도 그 느낌이 시들해지면 우리는 실망하고, 불행하다고 느낄 때면 불쾌한 감정에 꼼짝없이 걸려들었다고 느낀다. 이렇게 기분이 좋든 나쁘든 상관없이 우리는 우리가 가진 항상성이라는 환상 때문에 문제를 일으킨다.

붓다는 세 가지 유형의 괴로움을 가르치면서 우리가 무상을 받아들이기 쉽지 않다는 점에 대해 말했다. 첫 번째 괴로움의 유형은 '괴로움이라는 괴로움'이다. 이것은 전

쟁, 기아, 환경 파괴, 학대, 방치, 비극적인 상실, 일련의 심각한 질병 등 누가 보아도 명백한 고통을 가리킨다. 우리가 '고통'이나 '괴로움'이라고 말할 때 흔히 머릿속에 떠올리는 것들이다. 이런 상황에 처한 사람과 동물들은 거의 멈추지 않고 하나의 고통을 겪은 뒤 다음번의 고통을 겪는다.

어떤 사람은 운이 좋아 명백한 괴로움의 괴로움을 경험하지 않는 이도 있다. 다른 이들이 겪고 있는 고통과 비교해 이들에게 지금 상황은 꽤 괜찮다. 하지만 이들 역시 그 무엇도 지속되지 않는다는 사실로 고통을 겪는다. 기쁨을 느끼지만, 그것은 실망감과 번갈아 일어난다. 충족감을 느끼지만, 지루함과 번갈아 찾아온다. 즐거움을 느끼지만 불편함과 교대로 일어난다. 이렇게 번갈아 일어난다는 사실, 그리고 그것이 가져오는 모든 희망과 두려움은 그 자체로 커다란 괴로움의 원천이 된다.

두 번째 유형의 괴로움은 붓다가 '변화의 괴로움'이라고 간단하게 명명한 것이다. 우리가 원하는 모든 것을 얻을 수 없다는 고통스러운 앎으로, 우리의 직감 속에 자리 잡은 괴로움을 말한다. 우리는 결코 우리의 삶을 원하는 대로 간단히 만들 수 없고, 항상 좋은 느낌을 느끼는 위치에 절대

이를 수 없다. 어떤 때는 편안하고 만족스럽게 느낄 테지만 우리 딸아이가 말했듯이 "편안함과 만족감, 바로 그것이 문제"이다. 상황이 충분히 자주 잘 돌아가면 우리는 그 상황을 계속 유지할 수 있다는 잘못된 희망에 계속 의지한다. 우리는 이렇게 생각한다. "모든 걸 제대로 하기만 하면 늘 최상의 기분을 느낄 수 있어!" 나는 이런 심리가 약물 남용을 비롯한 모든 중독의 이면에 자리 잡고 있다고 본다. 더욱 근본적인 중독은 지속적인 기쁨과 편안함이라는 환상에 중독되는 것이다.

세계의 모든 종교와 지혜 전통은, 영원하지 않은 것에 매달림으로써 행복을 얻으려고 애쓰는 일은 무용하다고 말한다. 이런 가르침을 들으면 우리는 별로 놀라지 않으며 한동안 그 가르침에 고개를 끄덕인다. 우리는 이처럼 무익한 방식으로 행복을 얻으려 애쓰는 게 얼토당토않은 일이라고 생각한다. 하지만 우리가 원하는 새로운 무엇을 머릿속에 떠올리자마자 이 모든 지혜는 우리와 상관없는 것이 되어버린다. 그렇지만 곧이어 무상이 우리가 원했던 새 물건을 망치는 것은 시간문제일 뿐이다. 새 물건이 도착한 날 아침에 그 물건에 커피를 쏟지 않았다고 해도, 우리의 기쁨은 가까운 미래에 시들해진다.

　이를 보여주는 전형적인 예가 사랑에 빠지는 것이다. 처음 사랑에 빠지면 그것은 우리가 경험할 수 있는, 세상에 존재하는 최고의 경험으로 상승한다. 그러나 그 순간부터 사랑은 가장 큰 실망으로 쉽사리 추락한다. 절정의 경험이 시들해지고 나서도 만약 두 연인이 헤어지지 않고 함께 지내고자 한다면, 상대에게 느끼는 실망감을 극복하고 자신들의 관계로 더 깊이 들어가야 한다. 많은 커플이 이런 이동을 제대로 해내고 있지만 그렇더라도 사랑에 빠진 두 사람이 처음에 느꼈던 절대적인 기쁨은 쉽게 다시 오지 않는다.

　세 번째 유형의 괴로움은 '모든 것에 스민 괴로움'이라는 것이다. 이것은 앞의 두 괴로움보다 깊고 미묘한 차원에서 일어나는 괴로움이다. 이것은 우리가 있는 그대로의 삶을 기본적으로 저항하는 데서 생겨나는 끊임없는 불편감을 말한다. 우리는 든든히 의지할 수 있는 단단한 토대를 원하지만, 그것을 얻을 가능성은 별로 없다. 현실은 그 어떤 것도 그 상태 그대로 잠시도 머물지 않기 때문이다. 자세히 들여다보면 언뜻 지극히 안정적으로 보이는 것들조차 끊임없이 변화하고 있음을 알게 된다. 모든 것이 변화의 길 위에 있으며, 우리는 그것이 어느 방향으로 나아가고 있는지 결코 알 수 없다. 산과 거대한 바위조차 우리가 예상하지 못하는 방향으로 움직이고 변화하고 있다면 그 어떤 것에서 안정성을 찾을 수 있을까? 확실한 토대가 없으며 모든 것이 불확실하다는 이 끊임없는 느낌은 우리 삶의 모든 순간에 조용히 스며든다. 이것은 괴로움의 괴로움과 변화의 괴로움의 근저에 자리 잡은 미묘한 불편감이다.

사랑에 빠진 사례를 다시 보자. 사랑의 흥분감을 구성하는 큰 부분은 새로운 연인이 우리 삶에 가져오는 신선함이다. 그런데 우리는 시간이 지나도 모든 것이 우리가 원하는 그대로이길 바란다. 이때가 모든 것에 스민 괴로움이 고개를 들면서 허니문 단계가 끝나는 시점이다. 사랑의 신선함이 시들해지면 지금까지 보이지 않았던 것들이 두 연인의 눈에 들어온다. 가령, 상대가 인색하다거나 지나치게 트집을 잡는 사람으로 보인다. 덮여 있던 베일이 벗겨지면서 서로의 있는 그대로의 모습이 불편하게 느껴진다. 이렇게 되면 두 사람은 이제 상대방을 자기가 원하는 대로 뜯어고치려 한다. 그러나 이 방법은 상황을 악화시킬 뿐이다. 두 사람의 관계를 유지하는 유일한 방법은 두 사람이 있는 그 대로 서로를 인정하면서 있는 그대로의 모습으로 함께 협 조하는 것이다. 이것은 그들이 원하는 대로의 삶(원하는 대로 뜯어고치는)은 아니다. 바로 있는 그대로의 삶을 거부하는 것 에 대한 극복이다.

사람들이 이렇게 말하는 걸 흔히 듣는다. "걱정 말아 요, 저절로 해결될 거예요." 나는 이 말을 모든 일이 결국 우 리가 바라는 대로 해결된다고 확신시키는 시도로 받아들 였다. 하지만 많은 경우 우리는 원하는 것을 얻지 못하며, 설령 얻는다 해도 기쁨은 그리 오래가지 못한다. 그리고 많 은 경우, 우리는 우리가 원하지 않는 것을 얻는다. 아, 이토 록 변화무쌍한 삶이라니.

트룽파 린포체는 이에 관해 이렇게 말했다. "성공을 믿 지 말고, 현실을 믿어라." 우리가 원하는 대로 될 것이라고 믿는 것은 '성공을 믿는 것'이다. 그것은 우리의 처지에서 보는 성공을 믿는 것이다. 하지만 우리는 자기 경험을 통 해 성공이 믿음을 둘 만한 대상이 아님을 잘 안다. 어떤 때 는 우리가 원하는 식으로 일이 풀려가지만 어떤 때는 그렇 지 못하다. 이 점에서 "현실을 믿으라"는 말이 더 개방적이고 편안한 마음 태도라고 할 수 있다. 현실은 어떤 식으로든 전개될 것이다.

우리는 현실을 믿고 의지할 수 있다. '현실'은 매우 심오하고 동시에 매우 단도직입적이며, 우리의 바람이나 두려움과 무관하게 있는 그대로의 상태를 가리킨다. 현실을 있는 그대로 알 때 우리는 기쁨과 고통, 성공과 실패에 모두 열릴 수 있다. 이것은 원하는 직장과 원하는 파트너를 얻지 못할 때나 몸이 아플 때 품는 개인적 원한에 시달리는 느낌과는 매우 대조적이다. 이것은 혁명적인 접근법이다. 우리가 사물을 보는 기존의 방식과 완전히 반대되기 때문이다. 이때 원하는 것이나 원하지 않는 것 모두에 열릴 수 있다. 우리는 마치 날씨가 바뀌듯 우리가 원하는 것이나 원치 않는 그것 또한 변화한다는 사실을 안다. 그리고 좋은 날씨나 나쁜 날씨와 마찬가지로, 성공과 실패는 똑같이 우리의 삶을 이루는 일부가 된다.

모든 것에 스민 괴로움은 모든 것이 활짝 열려 있다는 사실을 끊임없이 거부할 때 일어나는 괴로움이다. 그것은 앞으로 어떤 일이 일어날지 결코 알 수 없다는 사실, 우리의 삶은 정해진 각본 없이 펼쳐진다는 사실, 그리고 우리가 삶을 통제하기 위해 할 수 있는 일은 거의 없다는 사실을 계속 외면할 때 일어나는 괴로움이다. 우리는 이 괴로움을 우리 삶의 배경에서 계속해서 일어나는 불안한 소음으로 경험한다. 이것은 모든 것이 영원하지 않다는 사실에서 일어나는 일이다. 우주의 모든 것은 끊임없는 변화의 과정에 있다. 우리가 딛고 설 수 있는 든든한 토대는 매 순간 바뀌고 있다.

그러나 틱낫한이 말하듯이 "우리가 고통을 당하게 만드는 것은 무상이 아니다. 우리를 고통스럽게 만드는 주범은, 실제로 무엇도 영원하지 않음에도 모든 것이 영원하길 바라는 우리의 마음이다." 우리는 이런 현실을 계속해서 외면한 채 살 수도 있고, 지금까지와 다른 새로운 방식으로 살 수도 있다. 삶을 역동적이며 활기 넘치는 경이로운 모험으로 바라보는 법을 배울 수도 있는 것이다. 그렇게 할 때 우리는 연인을 완벽하다고 생각하든 그렇지 않든, 매 순간이 지닌 신선함과 참되게 만날 수 있다. 이런 식으로 지속적인 변화를 품어 안을 수 있다면, 불안이라는 소음이 점차 잦아드는 것을 보게 될 것이다.

3
지나가는 기억

내가 이끄는 집중 수련회에서는 아침마다 다음 구절을 암송한다. "이렇게 조건 지어진 법(法)을 마치 별똥별, 착시, 촛불, 이슬방울, 물거품, 꿈, 번개, 구름이라고 여기라." 이 시는 무상을 마음에 새겨 우리의 삶이 무상에 익숙해지도록 하기 위한 것이다. (삶이 무상에 익숙해지면) 우리는 무상과 친구가 되는 법을 배울 수 있다. 여기서 '조건 지어진 법'이란 생겨난 모든 것을 말한다. 시작되어 변화의 도중에 있다가 어느 시점에 끝남에 이르는 모든 것, 다시 말해 모든 현상을 말한다. 태양 아래 모든 것은 이슬방울이나 번갯불처럼 일시적인 성질을 지녔다. 나는 집중 수련회에서 사람들에게 이 구절을 기억하도록 권하는데, 집중 수련회장 주변을 걸으며 또 집으로 돌아가서 자신에게 말해보고 그에 대해 숙고하도록 하기 위함이다.

만물이 지닌 이런 일시적 속성과 모든 순간이 지닌 새로움을 깨닫는 작업은 곧 언제나 우리가 변화하는 상태,

'바르도'라는 중간적 상태에 있다는 사실을 깨닫는 것과 같다. 몇 년 전에 나는 존경하는 티베트불교 지도자인 아남 톱텐 린포체와 점심을 먹고 있었다. 그때 나는 『티베트 사자의 서』에서 말하는 바르도에 관한 내용 중 궁금한 질문을 모두 적어 갔다. "아니 페마, 알다시피 우리는 언제나 바르도에 있답니다." 나는 이전에 트룽파 린포체가 이런 견해를 말하는 것을 들은 적이 있었다. 하지만 아남 톱텐의 설명을 직접 듣고 싶었던 나는 이렇게 말했다. "린포체, 지금 당신과 내가 이렇게 앉아 점심을 먹고 있어요. 그렇다면 지금 우리가 바르도에 있는 것인가요?"

나는 이 일에 관해 다른 지면에 글을 적은 적이 있지만 그의 대답이 무척 인상적이어서 다시 한번 소개하려고 한다. 그는 이렇게 말했다. "오늘 아침, 친구와 서예 도구를 사러 미술용품점에 들렀어요. 먹물과 붓, 종이를 샀죠. 그런데 그 경험은 이미 지나간 일생처럼 보여요. 그 자체로 온전한 일생이죠. 그 경험에는 처음 태어나는 것처럼 시작이 있었고 다음으로 한동안 그 경험이 지속되더니 그것과 다른 단계를 거쳤어요. 그러니까 우리는 가게를 둘러보며 용품을 고르고는 물건값을 치렀어요. 그다음 나는 친구와 헤어졌

죠. 그 일생은 끝이 난 거예요. 이제 그 모든 일은 기억에 불과하고, 지금 나는 여기서 당신과 점심을 먹고 있어요. 또 다른 일생을 즐기고 있는 거죠. 이 일생도 곧 끝이 날 테고 기억 속으로 사라지겠죠. 이렇게 시작과 끝, 탄생과 죽음이 계속 이어지는 과정은 절대 멈추지 않아요. 영원히 계속될 겁니다."

무상은 잠시도 멈추지 않으므로 우리는 언제나 바르도 상태에 있다고 할 수 있다. 우리가 변화의 와중에 있지 않은 순간은 잠시도 없다. 당신이 믿지 않을지 몰라도 이건 좋은 소식이다. 지금, 이 순간 당신의 삶을 구성하는 요소들은 어느 순간 탄생하게 되었다. 그리고 머지않아 그 요소들은 흩어질 것이고 그러면 지금 당신이 하는 이 경험도 끝이 날 것이다. 지금 당신은 의자에 앉아 이 책을 읽고 있을 것이다. 아니면 차를 운전하며 오디오북으로 듣고 있을지도 모른다. 당신이 어디에 있든 지금 당신 주변의 빛은 그만의 고유한 성질을 띠고 있을 것이다. 당신은 특정한 냄새를 맡고 있을 것이고, 주변에 특정한 소리도 들릴 것이다. 한 시간 전만 해도 당신은 완전히 다른 일을 하고 있었다. 그 일이 무엇이었는지 기억나지 않을 수도 있다. 그리고 한 시간 뒤면 책을 읽고 있는 이 경험도 기억 속으로 사라질 것이다. 우리는 언제나 과거와 미래 사이의 중간 상태에 있다. 이미 지나간 일에 대한 기억과 앞으로 기억으로 사라질, 다가오는 경험 사이에 있는 것이다.

그날 아남 툽텐과 함께한 점심식사는 결코 다시 오지 않을 경험이다. 그와 함께 같은 장소에서 같은 메뉴를 먹으며 같은 이야기를 다시 나눈다 해도 지난번과 똑같은 경험을 할 수는 없다. 그 시간은 영원히 사라진 경험이다.

끊임없는 변화에 대해 숙고하는 것은 아주 통렬한 경험이다. 이때 우리는 슬픔을 느낄 수도 있고, 두려움을 느낄 수도 있다. 장기 수련회에 참가하다 보면 매일 거의 똑같은 일과를 보내게 되는데 그럴 때 나는 문득 이런 생각이 떠오른다. "또 일요일이야? 어떻게 이럴 수 있지? 지난주 일요일이 바로 어제 같은데!" 나는 시간이 천천히 흘렀으면 했다. 시간이 너무 빠르게 가면 숨이 막힐 것 같다. 이런 느낌은 노년에 이르러 더욱 커졌다. 어린 시절을 떠올리면 당시의 여름은 무척 길었다. 하지만 요즘의 여름은 눈 깜빡할 사이에 지나간다. 그렇지만 그 느낌이 가만히 가라앉도록 두면 된다. 연약하고 나긋나긋한 그 느낌을 느끼고 허용하는 것이다.

시간의 흐름과 우리가 경험하는 모든 것이 시들해진 다는 사실을 떠올리면 슬픔과 불안이 느껴진다. 그런데 이 것은 자연스러운 일이다. 트룽파 린포체는 다음처럼 울림 이 있는 말을 남겼다. "우리가 하는 모든 경험이 한때 지나 가는 기억이다." 끊임없이 일어나는 죽음과 상실을 목격하 는 일은 가슴 아프다. 우리가 언제나 중간 상태에 있다는 사실을 알게 되면 우리는 불안을 느낀다. 그러나 이런 상실 감과 불안은 '무언가가 잘못되었다'는 징표가 아니다. 이런 느낌을 일부러 몰아낼 필요는 없다. 그것에 부정적인 이름 표를 붙이고는 어떤 식으로든 그것을 거부할 필요도 없다.

대신 우리는 무상과 관련해 느끼는 고통스러운 감정 에 대해 열린 마음의 태도를 계발할 수 있다. 이 느낌들과 함께 자리에 앉는 법을 배울 수도 있고, 이 감정들에 호기 심을 가져볼 수도 있으며, 이런 취약성이 우리에게 무엇 을 선사하는지 알아볼 수도 있다. 바로 이 두려움, 이 우울 감 속에 우리의 연민에 찬 가슴이 자리 잡고 있다. 우리의 헤아릴 수 없이 무한한 지혜, 각자의 바르도를 지나고 있 는 지구상의 모든 생명체와 맺는 우리의 관계성이 그 두려움과 우울감 속에 있다. 한때 지나가는 우리의 경험과 그런 일시성이 일으키는 모든 것과 함께 머물 때 우리의 더 용감한 자아, 더 깊은 본성과 접촉할 수 있다.

캐나다 감포 수도원(Gampo Abbey)의 바르도 수련회에서 수행하던 어느 수행자는 심오하고 용기 있는 방식으로 이런 슬픔과 불편감을 다루었다. 그녀는 이렇게 말했다.

"사이에 서 있다는 건 불편한 일이에요. 있고 싶지 않은 곳에 있는 느낌이죠. 그렇지만 나는 그곳이 바로 당신이 바라는 장소라고 생각해요. 당신은 그곳에 머무는 방법을 찾길 원할 거예요. 그리고 그것을 찾으려면 커다란 용기와 의도, 헌신이 필요하죠."

나에게 그녀의 말은 무상을 품어 안는 마음 훈련의 정신을 그대로 보여주었다. 우리는 우리가 느끼는 슬픔을 '문제'로 보기보다 우리가 어떤 것을 향해 가고 있다는 '신호'로 볼 수 있다. 이때 우리는 디딜 곳이 없다는 막막한 느낌에 머물지 않으려는 이유를 알 수 있다. 이때 우리는 자신이 삶의 끊임없는 흐름을 거부하고 있음을 직접적으로 느낀다.

그러나 이 흐름과 계속 함께하는 데 익숙해지다 보면

점차 그 슬픔을 품어 안을 만큼 자신이 넓어지고 있다는 확신을 키울 수 있다. 우리는 이제 '성공'에 대한 희망을 품기보다 현실을 신뢰하는 법을 점차 터득하게 된다. 이것은 매일 신체 근력을 키우는 것과 비슷한 연습의 문제이다. 우리 존재에 다가가는 이 새로운 방법을 연습함으로써 우리는 어떤 일이 일어나든 (원하는 일이든 원치 않는 일이든, 건강이든 질병이든, 삶이든 죽음이든) 활기와 우아함으로 그것을 맞이할 수 있을 것이다.

4
어떻게 사느냐가 어떻게 죽느냐를 결정한다

내 친구 주디스는 결혼해 두 아이를 둔 30대 여성이다. 그런데 그만 말기 암에 걸려 가슴이 무너져 내리는 경험을 했다. 처음에 그녀는 부정과 분노 등 죽음에 임박한 암환자가 보이는 전형적인 초기 단계를 거쳤다. 그런 다음 그녀의 가족은 그녀가 자란 콜로라도 인근의 작은 마을로 이사하기로 했다. 집을 한 채 빌렸다. 온 가족과 친한 친구들이 주디스를 돕고 함께 머물기 위해 시간을 냈다. 아이들은 계속해서 학교에 다녔지만 학교가 끝나면 관심은 온통 엄마에게가 있었다. 가족과 친구들은 죽음에 관해 자유롭게 이야기를 나눴다. 다행히도 주디스는 자신이 죽어가고 있다는 사실에 익숙해지는 시간을 가질 수 있었다. 그녀는 바르도의 가르침에 관한 글을 읽고 그것에 대해 숙고했다. 그러면서 우리가 죽을 때 지나는 단계들에 대해 알게 되었다. 그리고 죽음이 매 순간 일어나고 있다는 생각에도 익숙해졌다. 그렇게 시간이 지나자 그녀는 점점 더 행복했다. 그녀가 말했다. "말도 안 되는 것 같지만 아이들이 지금 여기서 뛰어놀고 있고, 나는 더없이 행복해."

그러나 병은 점점 악화해 폐에 물이 차기 시작했고 그녀는 안락의자에 누워 자야 했다. 어느 날 아침 그날도 그녀는 편안한 자세로 안락의자에 누워 있었다. 곁에는 남편과 친구가 있었다. 갑자기 그녀가 자기 입을 가리켰다. 남편과 친구는 주디스에게 물을 마시고 싶은 거냐고 물었지만 그녀는 고개를 저었다. 몇 차례 짐작 끝에 남편이 말했다. "말을 못 하겠다는 거예요?" 주디스가 고개를 끄덕였다. 그런 다음 주디스는 자기 눈을 손가락으로 가리켰다. 역시 몇 차례 짐작 뒤에 앞이 보이지 않는다는 뜻임을 알았다. 남편은 즉시 의사를 불렀다. 하지만 주디스는 더없이 편안하고 행복하게 미소를 지으며 그대로 소파에 누워 있었다. 그녀는 자신이 죽어가고 있음을 알았다. 실제로 그녀는 죽어갔다. 이제 그녀는 무상을 거부하지 않았다. 자연스럽게 무상이 펼쳐지도록 놓아둘 수 있었다. 병에 걸리기 전엔 그녀가 이렇게 편안하게 죽음에 이를 거라고는 누구도 상상하지 못했다. 입이 험하고 불같은 성격의 이 빨강머리 여자가 이토록 편안한 죽음을 맞이할 거라고는 누구도 생각하지 못했다. 그렇지만 생의 마지막에 이르러 그녀는 아름답게 죽음을 맞이했다. 나도 그녀처럼 죽음을 맞고 싶다.

당신은 죽음에 이른 사람 곁에 있어 본 적이 있는가? 있어 보았다면 사람마다 생을 마감하는 방식이 매우 다르다는 사실을 알 것이다. 나는 주디스처럼 조금도 힘들이지 않고 행복하게 생을 내려놓는 사람들을 보았다. 그런 사람은 죽음과 함께 가는 법을 아는 사람들이다. 반면에 거의 고함을 지르다시피 하며 생의 마지막 순간까지 악을 쓰는 사람도 보았다. 그것은 내게 끔찍한 경험으로 다가왔다. 그런 장면을 보며 나는 생각했다. "지금 내가 준비할 수 있는 게 있다면 그걸 하고 싶어."

나는 죽음 뒤에 우리에게 어떤 일이 일어나는지 확실하게 알지 못한다. 하지만 확실히 말할 수 있는 것이 있다. 누군가에 의해 시커먼 구덩이 속에 떠밀려가듯이 죽고 싶지는 않다는 것이다. 이런 이유로 나는 지난 몇 년간 내가 불가피하게 맞이하게 될 죽음을 준비하는 수련을 열심히 해왔다. 나는 윤회사상이 타당하다고 여기며 사람들이 나에게 윤회를 믿느냐고 물으면 그렇다고 대답한다. 그렇지만 나는 이런 말도 덧붙인다. "만약 윤회가 사실이 아니라 해도 나는 죽음을 준비하고 있어요."

그런데 준비되어 있다고 해도 죽음의 시간이 닥치기 전까지는 자신이 준비되어 있는지 확실히 알 수 없다. 몇 년 전에 나는 여러 가지 무서운 상황에 내가 어떻게 대처하는지 가상현실(VR) 실험을 해본 적이 있다. 가상현실 실험에서 나는 비행기도 잘 탔고 파충류와 거미도 잘 견뎠다. 그런데 문이 활짝 열린 엘리베이터를 타고 40층 높이에 올라 발판 바깥으로 발을 내딛는 가상 시뮬레이션이 있었다. 시뮬레이션 바깥에서 나는 실제로 자그마한 대학 강의실 바닥에 튼튼하게 붙은 작은 발판 위에 서 있었다. 그렇지만 손바닥에 땀이 흥건했던 나는 조종 제어장치를 제대로 잡고 있지도 못했다. 나는 실제로 40층 높이에 선 것처럼 아주 조금씩 겨우겨우 움직였다. 점프 지점에 이르자 내 몸은 거의 얼어붙었다. 한참을 그렇게 머뭇거린 다음에야 겨우 점프했다. 하지만 실제로는 바닥에서 고작 몇 센티미터 높이밖에 되지 않았다.

나는 이제 그곳을 다시 찾아 발판을 걸어보고 싶다. 그것이 애당초 재미있는 경험이었기 때문이 아니라 내가 죽음을 준비하는 데 도움이 된다는 생각 때문이다. 나는 다음

번엔 자신에게 이렇게 말할 테다.

"내가 40층 높이에 섰고, 까마득한 저 아래 장난감처럼 작은 자동차들이 있는 것처럼 보여도 실제로는 바닥에서 몇 센티미터밖에 떨어져 있지 않아. 발판을 내려선다 한들 아무 일도 일어나지 않는다고. 이건 꽤 유용한 현실 검증[상황을 객관적으로 평가해 자아와 비(非)자아, 외부와 내부를 구별하는 능력]이야. 왜냐하면 디딜 곳이 없다는 이 막막한 느낌은 네가 죽음에 닥쳐 느끼게 될 느낌과 비슷할 테니까. 지금부터 거기에 익숙해지는 편이 낫겠지."

우리는 불확실성, 불안정, 디딜 곳이 없다는 막막한 느낌을 좋아하지 않는다. 우리는 취약성, 날것 그대로의 느낌을 일부러 찾아 구하지 않는다. 이 느낌들은 우리를 불편하게 만든다. 우리는 어떻게 해서든 이 느낌들을 피하려고 애쓴다. 그렇지만 이런 마음 상태는 명백하지 않아도 미묘한 상태로 늘 우리의 마음 배경에 자리 잡고 있다. 어느 정도 우리는 항상 '40층 높이의 발판에 서 있다'고 느낀다. 이것이 붓다가 말한 모든 것에 스민 괴로움이다.

삶의 여러 시기에 우리는 디딜 곳이 없는 이 느낌을 갑작스레 경험한다. 낯선 지역으로 이사 가고, 자녀들이 집을 떠난다. 갑자기 나쁜 소식이 들려온다. 홍수와 허리케인, 화재가 불과 몇 시간 만에 삶 전체를 집어삼키기도 한다. 티베트인들처럼 그리고 지금도 수많은 민족이 하는 것처럼 고국을 떠나야 하는 일도 있다. 난민이 되어 옷가지만 겨우 챙겨 나와야 할 수도 있고, 심지어 아무것도 갖지 못한 채 떠도는 지경이 될 수도 있다. 때로 이런 일은 전혀 예상치 못하게 일어난다. 느닷없이 우리는 집을 잃고, 나라를 잃고, 우리의 관습과 전통을 잃는다. 그런 다음에는? 그런데도 삶은 계속된다. 우리는 새로운 장소, 도움받지 못하는 난감한 장소에 선 자신을 발견한다.

내가 개인적으로 딛고 설 곳이 없음을 강하게 느낀 경험은 오늘날 많은 사람에게 일어나고 있는 일에 비하면 지극히 사소하다. 그런데도 그 일은 내가 알던 삶으로부터 나를 완전히 내몰았다. 몇십 년 전 일인데 당시 남편이 갑자기 나와 헤어지겠다고 선언했다. 그 이야기를 듣기 조금 전만 해도 오랜 시간 결혼생활을 해왔던 나였지만, 이제 그것도 끝이 났다. 한동안 나는 어찌할 바를 몰랐다. 내가 누구인지도 헷갈렸다. 나는 이 이야기를 다른 곳에서 여러 번 했는데, 그만큼 내 삶에 전환점이 되어 나를 영적인 길로 들어서게 한 일이었기 때문이리라. 나는 모든 것이 이전으로 돌아가길 바라면서도 한편으로 나에게 커다란 선물이 주어졌다고 직감했다.

끔찍한 일이었지만 나는 이것이 실제로는 일생일대의 기회일 수 있다고 스스로 생각했다. 내 삶의 일부가 갑자기 사라지면서 나는 비옥한, 그리고 매우 의미 있는 장소에 새로 서게 되었다. 그곳에서는 어떤 일도 일어날 수 있었고, 내가 가고자 하는 어느 방향으로든 움직일 수 있었다. 나는 세상의 모든 가능성을 자기 앞에 둔 스무 살 청년으로 돌아간 것 같았다. 물론 나는 앞에 펼쳐진 무한한 가능성과 예전으로 돌아가고 싶은 커다란 바람 사이에서 한동안 오락가락했다. 하지만 이번 경우에 예전으로 돌아갈 방법은 없었다. 내게 주어진 선택은 오직 앞으로 나아가는 것뿐이었다. 내가 가진 최대한의 용기를 발휘해 미지의 것을 향해 나아가는 수밖에 없었다.

갑작스럽고 충격적인 변화는 우리가 알던 세상을 뒤집어엎을 수도 있다. 그런데 딛고 설 곳이 없다는 느낌 가운데 자기 삶이 끝을 맞이하는 것만큼 우리를 불안하게 만드는 강력한 경험이 또 있을까. 주디스처럼 편안하게 죽음을 맞는 게 목표라면, 우리는 삶에서 일어나는 커다란 사건들을 '일생일대의 기회'로 보려는 노력이 필요하다. 우리의 삶에서 갑작스레 일어나는 커다란 변동과 차질은 우리가 하는 모든 경험의 근저에 깔린 진실을 드러내 보여준다. 우리가 붙잡고 의지할 수 있는 게 아무것도 없으며, 고정적이고 안정적인 현실이 존재한다는 우리의 감각은 환상에 불과하다는 사실을 보여주는 것이다. 우리가 가진 거품이 터질 때마다 우리는 실재가 지닌 본성에 익숙해지는 기회를 얻게 된다. 이런 일들을 기회로 볼 수 있다면 우리는 삶의 마지막을 맞이하는 더 좋은 입장에 서게 될 것이다. 또 죽음 뒤에 어떤 일이 일어나든 거기에 열릴 수 있을 것이다.

우리가 지금 사는 방식이 우리가 죽는 방식을 결정한다. 이것이야말로 바르도의 가르침이 내게 전하는 가장 근본적인 메시지다. 지금 맞이한 작은 변화를 어떻게 다루는가는 나중에 닥칠 큰 변화를 다루는 방식을 미리 보여주는 신호다. 바로 지금 무너져 내리는 일을 어떻게 대하는가는 우리가 죽을 때 무너져 내리는 일들을 어떻게 대하게 될지 미리 보여준다.

그러나 디딜 곳 없는 막막한 느낌을 다루기 위해 엄청

난 일이 일어나기만을 기다려야 하는 것은 아니다. 우리는 아남 툽텐의 말을 되새기며 하루하루, 매시간이 가진 변화의 속성을 바로 지금 알아볼 수 있다. 그는 우리가 하나의 작은 생에서 다음의 작은 생을 거치며 끊임없이 끝과 시작을 반복한다고 말했다.

이와 함께 우리가 통제권을 쥐고 있지 않다는 사실에서 느끼는 일반적인 두려움과 불안을 다루는 작업도 할 수 있다. 대부분의 시간 동안 우리는 삶과 죽음이 예측 불가능하다는 사실을 인식하기보다 통제와 확실성이라는 환상을 놓지 않으려고 한다. 실제로 나는 자신에게 이렇게 자주 묻는다. "우리에게 통제권이 거의 없다는 사실이 정말로 문제일까? 하루를 계획하더라도 계획대로 되는 경우가 별로 없다는 사실이 정말로 문제일까? 계획이 반드시 계획대로 되지 않는다는 게 언제나 문제일까?" 코로나가 터졌을 당시 나는 1년 스케줄이 꽉 잡혀 있었는데, 그 모든 계획이 칠판의 글씨가 지워지듯 순식간에 사라져버렸다.

살다 보면 주변 사람들이 하는 사소한 말 한마디에 크게 영향을 받는 때가 있다. 언젠가 누군가 내게 지나가는 말로 이렇게 말했다. "삶에는 자기만의 자연스러운 춤이 있지요." 나는 한동안 이 말에 대해 생각하면서 '삶의 자연스러운 춤'이 스스로 춤추게 하는 실험을 해보기로 했다. 그러자 대부분 그저 삶이 펼쳐지도록 놓아두었을 때, 그 춤이 펼쳐지는 모습은 내가 머리로 떠올리는 어떤 답보다 훨씬 더 영감을 주고 창조적이며 흥미로운 춤이라는 걸 알 수 있었다.

삶이 지닌 자연스러운 춤을 신뢰한다는 것은 있는 그대로의 현실을 신뢰한다는 말이기도 하다. 우리는 사소한 일에서 스스로 내려놓도록 자신에게 허용함으로써 이런 신뢰의 태도를 키울 수 있다. 가령 사람들을 가르칠 때 나는 상황이 흘러가는 대로 그냥 놓아두는 실험을 즐겨 한다. 이 책의 바탕이 된 강연을 하기 전에 나는 바르도에 관해 여기저기서 많이 찾아 읽으며 생각하고 노트도 여러 권적었다. 그러나 집중 수련회에 도착해 사람들 앞에서 말할 때가 되자 나는 노트를 치우고 내 입에서 어떤 말이 나올지 그저 호기심을 가지고 지켜봤다. 이처럼 열린 공간으로 나가 뛰어내리자 나의 가르침이 더욱 자연스럽게 이어진다는 걸 알았다.

지금 우리가 가진 능력으로 최선을 다해 어떤 일이 자

연스럽게 일어나도록 놓아두는 실험을 해보자. 그러면 즐거운 놀라움을 경험할 것이다. 우리는 앞으로 나아가며 계획을 세운다. 그렇지만 그 계획이 변화하는 것을 보는 데 열려 있다. 그 결과, 예측 가능성에 대한 우리의 집착은 점점 누그러진다. 때로 우리의 오랜 습관이 아직은 너무나 유혹적이어서 삶의 자연스러운 춤을 신뢰하는 것이 불가능해 보일 수 있다. 이 경우에 내가 받은 최선의 조언은, 통제하려는 자신의 경향성을 지켜보고 그것을 친절의 마음으로 품어 안으라는 것이다.

이는 모든 것을 꼼짝 못 하게 붙들어두길 원하는 것과는 다르다. 그리고 자신이 무엇을 하고 있는지 자각하지 못한 채 그것이 가진 불합리성에 전혀 감을 잡지 못하는 것과도 완전히 다르다. 이것은 단지 자신의 습관을 알아보고, 그런 습관을 지닌 자신을 비난하지 않는 문제이다. 이런 종류의 간단한 자기 성찰은, 통제력을 무척이나 원하는 모든 사람에 대한(실은 지구상에 사는 모든 사람이 그렇다) 공감의 마음을 우리에게 안겨줄 것이다.

삶에는 우리가 딛고 설 만한 단단한 토대가 없다는 기본적인 사실을 습관처럼 매일 조금씩 떠올린다면 삶의 마지막에 큰 도움이 될 것이다. 우리의 삶은 늘 변화함에도 우리는 아직 거기에 익숙하지 않다. 우리 삶의 모든 날과 매 순간에 따라붙는 불확실성은 아직 낯설다. 이 가르침들을 숙고하고 우리의 경험이 지닌 끊임없고 예측 불가능한 흐름에 주의를 기울일 때 있는 그대로의 현실을 더 편안하게 느낄 수 있다. 이런 편안함을 죽음의 자리에 가져갈 수 있다면 죽음 뒤에 일어나는 일에도 준비를 할 수 있을 것이다.

5

이번 생의 겉모습이 사라질 때:
죽어감의 바르도

"이번 생의 겉모습이 사라질 때
내가 편안함과 지극한 행복감으로
이번 생의 모든 집착을 내려놓길
마치 고향으로 돌아가는 아들딸처럼"

지가 콩트룰 린포체가 쓴 이 시는 언제나 나에게 큰 감동을 준다. 편안하고 행복하게 고향으로 돌아가는 아이 둘의 이미지가 특히 그랬다. 이것은 마지막 숨을 거두기 전에 우리가 죽어가는 과정을 나타낸다. 나는 이 기도문을 삶의 마지막에 이른 많은 사람에게 알려주었는데 그중에는 감포 수도원의 비구니도 있었다. 그녀는 죽어가는 과정에서 이 기도문을 반복해 외웠다. 나 역시 죽음에 이르러 그렇게 하리라.

'이번 생의 겉모습이 사라진다'는 건 어떤 의미일까?

그리고 그것이 어떻게 기쁨과 평화의 경험이 된다는 것일까? 티베트의 세계관에서 우리의 몸은 다섯 가지 요소로 이뤄진다. 흙, 물, 불, 바람, 공간이 그것이다. 흙의 요소는 뼈, 근육, 이빨 등 몸속의 모든 단단한 부위들을 말하며 물의 요소는 피, 체액, 침 등 여러 가지 액체를, 불의 요소는 몸의 온기를 말한다. 공기의 요소는 우리가 쉬는 숨을 말하며 공간의 요소는 몸속의 빈 구멍이나 열린 공간을 가리킨다. 여기에 더해 여섯 번째인 비육체적 요소가 있으니 우리의 의식이 그것이다.

『티베트 사자의 서』에 따르면 죽음의 과정을 지나는 동안 이 요소들이 하나에서 다른 하나로, 거친 상태에서 더 미세한 상태로 변해간다고 한다. 이런 설명은 당신에게 낯설거나 아주 구식의 설명으로 들릴지도 모른다. 그런데 호스피스 종사자들은 자신의 환자들에게서 이 단계들을 본다고 말했다. 여기서 나는 전통적인 설명에서 말하는 분해의 진행 단계를 설명할 것이다. 그러나 임종 돌봄 제공자와 티베트 스승들 모두, 죽음 뒤 분해의 순서도 다른 삶의 단계와 마찬가지로 사람마다 다르다고 말한다는 점을 인정한다. 이것 역시 예측 불가능*하다.

우선 흙의 요소가 물의 요소로 변한다. 죽어가는 사람의 몸은 무겁게 느껴진다. 어떤 때 그들은 이렇게 말한다. "바닥으로 가라앉는 느낌이야. 나 좀 들어줄 수 있겠니?" 동시에 죽어가는 사람들은 시력이 약해진다. 다음으로 물의 요소가 불의 요소로 변한다. 눈물이 마르기 시작한다. 죽어가는 사람들은 심하게 갈증을 느끼며 종종 마실 것을 달라고 청하기도 한다. 체액을 몸 안에 갖고 있지 못하기 때문이다. 청력도 떨어지기 시작한다. 그런 다음 불의 요소가 공기의 요소로 변하면서 추위를 느낀다. 아무리 방의 온도를 높이고 담요를 덮어도 따뜻하다고 느끼지 못한다. 다음 단계는 공기의 요소가 의식으로 변하는 단계다. 숨쉬기가 점점 힘들어진다. 내쉬는 숨은 점점 길어지고 들이쉬는 숨은 점점 짧아진다. 숨과 숨 사이의 틈이 커진다. 마침내 몇 차례 길게 숨을 내쉬고는 숨이 끊어진다. 트룽파 린포체가 말하듯 "당신은 숨을 내쉰 뒤 더 간다. 더 이상의 들숨은 없다."

이 시점에서 정상적인 감각 지각은 완전히 멈춘다. 모

● 분해의 각 단계와 성격을 나타내는 표는 부록 C를 참조.

든 생각과 감정, 습관적 패턴, 신경증 증세도 멈춘다. 우리의 참 본성을 가리고 있던 모든 것이 사라진다. '나'라고 생각한 모든 것이 없어진다. 이번 생의 겉모습은 이제 사라졌다. 우리는 우리의 참 본성이라는 자연스러운 단순함으로 다시 돌아온다.

서양 의학에 따르면 그는 이제 죽은 사람이다. 그는 생을 마감했다. 그러나 불교의 가르침에서는 '내면의 분해 (inner dissolution)'라는 내적 과정이 아직도 진행 중이다. 우리 생의 이 마지막 분해 과정을 지나며 의식이라는 요소는 텅 빈 곳으로 분해된다. 이 과정 역시 예측이 어렵지만, 일반적으로는 20분가량 지속된다고 한다. 이런 이유로 바르도의 가르침에서는 사체를 건드리거나 움직이지 않고 적어도 20분이나 그보다 오랜 시간 그대로 두도록 권한다.

내면의 분해는 우리가 그에 준비되어 있다면 커다란 기회를 제공한다. 내면의 분해는 세 단계를 거치며 일어나는데 각각의 단계마다 강력한 빛 체험을 한다고 한다. 첫째, 구름 한 점 없는 하늘을 보름달이 비추는 것처럼 주변의 빛이 온통 흰색으로 변한다. 다음으로는 석양에 물든 하늘처럼 붉은빛을 띤다. 마지막으로 별도 달도 없는 밤하늘처럼 검은색을 보게 된다. 이 시점에서 우리는 무의식이라는 텅 빈 상태에 떨어지며 이제 분해 과정은 마무리된다.

이 가르침에 따르면 이제 '에고(자아)가 떨어져 나간 나'가 의식을 회복한다. 이제 완전히 날것 그대로, 걸림 없는 방식으로 마음을 경험한다. 이것을 종종 '죽음의 명료한 빛을 지닌 마음'이라고 부른다. 이 상태는 고작 몇 분밖에 지속되지 않지만 지금부터 보듯이, 이 경험에 미리 준비를 해두면 탄생과 죽음의 전체 주기를 줄이며 그 자리에서 온전한 깨달음을 일으킬 수도 있다. 이것은 아주 귀한 기회로 여겨지는데, 나의 스승들 모두 우리가 삶의 가장 중요한 시도 중 하나로 이것의 준비를 강조했다.

어떻게 이런 일이 가능한지 보려면 마음의 가장 깊은 내면에 자리 잡은 본질에 대한 이해가 필요하다. 깨어난 마음을 이야기할 때 우리는 흔히 '활짝 열린', '걸림이 없는', '치우치지 않은', '무한한' 등의 형용사를 앞에 붙인다. 놀라운 사실은 이 단어들이 '당신의' 마음에도 적용된다는 점이다. 그것은 당신 사촌의 마음에도, 직장 상사의 마음에도, 당신을 짜증 나게 하는 이웃의 마음에도, 모든 사람의 마음에도 적용된다.

전통적으로는 이렇게 어디에나 존재하는 깨어난 마음을 하늘에 비유하고는 한다. 땅에서 위를 올려다보면 어떤 날은 하늘이 맑고 어떤 날은 흐리다. 하지만 하늘이 아무리 흐리고 어두워도 비행기를 타고 더 높이 올라가면 드넓은 푸른 하늘이 드러난다. 그 하늘은 언제나 거기에 있었다. 매일 온종일 거기에 있다.

하늘과 같은 이 마음에 관한 한, 우리 중 많은 이에게 흐린 날이 더 많아 보인다. 우리는 현상세계의 생생함이나 탄생과 죽음의 끊임없는 흐름에 깨어나는 대신, 그것과 완전히 다른 세계에 산다고 느낀다. 생각에 빠진 채 전혀 다른 버전의 세계에서 살아간다. 우리는 자신이 처한 환경, 사랑하는 사람, 자기 몸에 이르기까지 모든 게 매 순간 변화한다는 사실을 잘 알아보지 못한다. 우리는 자신이 일으키는 감정이나 살아가는 이야기에 참된 실체가 존재하지 않는다는 것, 그것이 안개처럼 덧없이 사라진다는 것을 알아보지 못한다.

생각과 감정은 매우 단단해 보여 우리 마음의 활짝 열린 명료함을 완전히 가리고 만다. 그러나 우리는 구름에 난 틈으로 잠깐잠깐 파란 하늘을 보기도 한다. 예상치 못한 어떤 일이 우리 마음의 습관적인 작용을 중단시킬 때 이런 일이 일어난다. 한번은 이런 일이 있었다. 1980년대에 나는 밤색 가사를 입고 생각에 푹 빠진 채 콜로라도 보울더의 거리를 걷고 있었다. 남자 대학생들이 한가득 탄 자동차가 내 곁을 지나더니 한 학생이 창문을 내리고는 나에게 소리쳤다. "빌어먹지 말고 일을 찾아!" (마침 나는 일하러 가던 중이라 더 어리둥절했다) 순간 나의 습관적인 마음이 작동을 멈췄다. 모든 걸 완전히 새로운 방식으로 경험했다. 그 남학생들 덕분에 나는 구름 속에 난 커다란 틈을 보았다.

언뜻 하늘을 보는 경험은 다양한 방식으로 나타날 수 있지만, 거기에는 디딜 곳이 없다는 막막한 느낌도 종종 함께 따라온다. 폭발음은 우리를 놀라게 하고 방향감각을 잃게 한다. 얼음 위에서 우리는 미끄러지기 쉽다. 좋은 소식이든 나쁜 소식이든 전혀 예상치 못한 소식을 접하기도 한다. 이때 마음은 작동을 멈추고 우리는 바깥을 내다본다. 거기에는 생생한 세계, 시간을 초월한 영원의 세계가 존재하고 있다.

우리는 순식간에 지나가는 이 통찰의 순간을 제대로 활용하는 법을 모른다. 그러나 넓은 하늘을 잠깐이라도 보았다면 이 경험의 가치를 알아보고 그것을 의식적으로 계발하는 법을 배울 수 있다. 삶의 속도를 충분히 늦추어 생각이 빼곡히 들어찬 우리의 경험에도 언제나 틈이 존재한다는 사실을 알아보는 것이 명상의 주요 목적이다. 그리하여 꾸미지 않은 비(非) 개념적인 마음의 성질인 이 틈에 친숙해지는 것, 이것이야말로 명상의 주요한 목적 가운데 하나라고 할 수 있다.

이런 식으로 우리는 우리의 마음이 언제나 활짝 열려 있고 무한하다는 깨달음에 조금씩 이를 수 있다. 우리가 자각하지 못해도 그 마음은 어디에도 가지 않으며 우리는 언제라도 그것과 다시 연결될 수 있다. 명상 수련을 통해 우리는 구름이 변화무쌍하며 그 뒤의 하늘은 언제나 그곳에 있다는 사실을 참되게 이해한다. 트룽파 린포체는 이렇게 말했다.

"우리가 깨어나기 위해서는 처음엔 트럭에 치이는 정도의 큰일이 일어나야 한다. 그러나 다음부터는 커튼에 일렁이는 실바람으로 충분하다."

바르도의 가르침에 따르면 죽을 때 거치는 분해 과정은 구름이 점점 옅어지다 사라지는 과정과 비슷하다. 흙의 요소에서 시작해 각 단계를 지나며 구름은 점점 더 옅어진다. 모든 것이 떨어져 나간다. 우리의 몸도, 감각 지각도, 감정도, 사고 과정도 모두 떨어져 나간다. 물론 이 과정은 우리를 불안하게 한다. 우리는 그것을 무섭게 느낀다. 하지만 살면서 일어나는 끊임없는 분해 과정에 익숙해지는 연습을 지금까지 해왔다면 두려워하지 않고, 죽음 뒤에 어떤 일이 일어나든 그것을 맞이할 준비를 한 채로 죽음의 경험에 들어갈 수 있다. 딛고 설 곳이 없다는 느낌에 이미 익숙해졌다면 죽음이라는 궁극의 막막한 느낌이 더 이상 커다란 위협으로 다가오지 않을 것이다.

이렇게 되면 우리는 이번 생의 마지막을, 무너져 내리되 '깨어남에 떨어지는' 것으로 경험할 수 있다. 분해의 단계를 지나며 구름이 말끔히 걷히고, 하늘처럼 티 없이 깨끗하고 명료한 마음이 모습을 드러낸다. 여기서부터 우리는 중요한 기회를 얻는다. 하늘처럼 넓은 자각이 우리의 타고난 본성임을 알아보고 그 상태로 편안하게 이완해 들어가는 것이다. 마치 고향으로 돌아가는 아이들처럼.

그러나 대부분 사람들에게 이 기회는 순식간에 나타났다 사라진다. 모든 사람이, 심지어 작은 벌레조차 예외

없이 이 무한한 열린 자각을 경험하지만 이를 인식하는 이는 매우 적다. 순식간에 지나가기 때문에 알아차리지 못하고 지나쳐버린다. 『티베트 사자의 서』를 비롯한 바르도의 가르침이 존재하는 중요한 이유 중 하나는 사람들에게 죽음의 과정에서 어떤 일이 일어나는지 알고, 기회가 생겼을 때 그것을 알아보도록 준비시키는 것이다. 이후의 장에서 보겠지만, 분해의 시간이 죽음 과정에서 깨달음을 얻는 유일한 기회는 아니다. 다행스럽게도, 바르도에 있는 동안 다시 시도하더라도 절대 늦지 않다.

6
밍규르 린포체 이야기

나는 분해라는 주제를 사람들이 쉽게 이해하도록 공부와 수련으로 임사 체험 중에 일어나는 분해 과정을 알아보고 체험하는 데 실제로 준비가 되었던 사람의 이야기를 자주 들려준다. 이것은 욘게이 밍규르 린포체가 자신의 책 『세상과 사랑에 빠지다: 삶과 죽음의 바르도를 지나는 어느 티베트 승려의 여정(In Love with the World: A Monk's Journey through the Bardos of Living and Dying)』•에서 들려준 이야기다.

밍규르 린포체는 유명한 티베트 스승 가문에서 태어난 인기 있는 스승이었다. 당시 그는 붓다가 깨달음을 얻은 인도 보드가야의 어느 사원에 주지로 있었다. 태어난 후 36년 동안 그는 지극한 보호를 받으며 걱정 없는 편안한 삶을 살았다. 어린 시절, 그는 과거의 깨어난 스승들의 환생이라고 하는 '툴쿠(tulku)'로 인정받았다. 그의 아버지 툴쿠 위르

● 한국어판 제목은 『우리는 날마다 죽는다: 티베트 승려의 삶과 죽음의 바르도 체험기』.

겐 린포체는 위대한 명상 스승으로, 밍규르 린포체를 아들이자 제자로서 키웠다. 부모는 네팔의 집에서 아낌없는 사랑을 주었고 그가 혼자서는 어디에도 가지 못하게 했다. 밍규르 린포체는 정식 수행을 위해 집을 떠난 뒤에도 자신의 역할과 지위로 언제나 주변의 보호를 받았다. 보호는 성인이 되어서도 계속됐고, 36세가 될 때까지 그는 한 번도 혼자서 바깥에 나가본 적이 없었다.

그러던 2011년 6월 한밤중에 그는 갑자기 일어나 사원을 떠났다. 혼자 떠돌며 수행하기 위해서였고, 수행은 이후 4년간 계속됐다. 그는 이전에 집중 수련회를 여러 차례 연 적이 있었지만(어떤 때는 3년 동안 연 적도 있었다), 모두 사원이나 외딴 은둔처에서 진행했다. 그러나 이번처럼 방랑 수행은 처음이었고, 그가 젊은 시절부터 꿈꾸던 것이었다. 그는 음식과 거주처 등 무엇이든 형편 닿는 대로 구하며 자유롭게 자족하며 살아가는 수행자들의 이야기에 오랫동안 큰 감명을 받았었다.

아무도 그가 사원을 떠난다는 사실을 몰랐다. 다음 날 오후 그의 방에 들어온 제자가 그의 작별 편지를 발견했다. 그는 편지에 생의 대부분을 외딴 동굴과 신성한 장소에서 명상 수행하며 보낸 밀라레파 같은 유행승(遊行僧, 장소를 이동하면서 탁발하는 수행자)의 본보기를 따르고 싶다는 소망을 적었다. 그리고 자신의 가르침을 담은 수백 시간 분량의 음성과 함께 간단한 명상 지침을 담은 공부 과정을 정리해서 남겼다. 자신이 떠난 뒤 제자들에게 지속적인 수행 지침을 전하기 위해서였다. 사원을 나서면서 그가 가져간 것은 불교 경전 두 권과 몇 푼 되지 않는 돈, 입고 있던 옷가지가 전부였다.

사원을 떠나기 전 방랑 수행에 대해 지녔던 그의 비전은 다소 낭만적이었다. 동굴, 아름다운 호수, 즐거운 기차여행 등. 그가 세운 유일한 계획은 바라나시로 향하는 첫 기차를 타는 것뿐이었다. 바라나시는 갠지스강 강변의 도시로 수천 년 동안 힌두교와 불교 신자들의 영적 수행처였다. 그런데 우선은 열차표를 구하는 법을 알아야 했다. 그는 한 번도 열차표를 사본 적이 없었다. 가까스로 제일 싼 열차표를 구해 열차에 올랐지만, 열차 안은 끔찍한 경험으로 가득했다. 열차에 가득한 승객들은 지독한 냄새를 풍겼고 몰골도 말이 아니었다. 머리카락에는 이가 득실득실했다. 그가 입은 승려 가사에 존경을 표하는 사람은 아무도 없었다. 다른 승객들처럼 그도 이리 밀리고 저리 치였다. 그렇지만 이것이 바로 자신이 원했던 것이라고 스스로 생각했다. 모든 것이 산산이 무너져 내리는 상황, 그리고 자신의 평소 존재 방식이 전혀 통하지 않는 처지 말이다. 그는 이 모든 일의 한가운데서 자신의 수행을 실험해 보고 싶었다.

그가 나에게 커다란 영감을 주었던 부분은 자신의 이런 경험을 대충 넘기지 않았다는 사실이다. 그는 당신이나 나와 마찬가지로 그 상황에서 실제로 두려움과 혐오감에 압도당했다. 그는 자신이 그때까지 닦은 모든 수행법을 동원했다. '초보' 수행인지 '고급' 수행인지는 중요하지 않았다. 어떤 상황이 닥쳐도 현재에 존재하며 마음을 다스리기 위해 할 수 있는 것을 모두 시도했다. 더 이상 견디기 어려울 정도로 혐오감과 두려움을 느낄지라도 말이다.

열차 경험 이후 얼마 지나지 않아 그는 부처님이 열반하신 곳, 쿠시나가르로 갔다. 그곳에서 그는 대부분의 시간을 공원에서 명상하며 부처님의 열반을 추모했다. 한동안은 남은 돈으로 게스트하우스에 머물며 거리의 음식을 사서 먹었다. 하지만 그 돈마저 바닥나자 노숙하며 걸식했다.

밤색 승려 가사를 벗고 힌두교 고행자인 사두(Sadhu)들이 입는 짙은 황색의 가사를 입었다. 그는 이것이 자신이 알던 것을 넘어 미지의 세계로 나아가는 중요한 단계라고 여겼다. 지금까지 그는 항상 불교 승려의 가사를 입고 그것으로 주변의 보호를 받았다. 그렇게 자신의 정체성을 부여받으며 살았다. 하지만 이제 그것을 넘어 나아가고 싶었다. 아무것도 붙잡을 것 없는 상태로, 어떤 것 뒤에도 숨고 싶지 않았다.

그에게 걸식은 무척 힘든 경험이었다. 모르는 사람에게 다가가 음식을 구걸하는 것은 천성에 맞지 않았다. 처음 걸식한 곳은 그가 늘 다니던 노점 식당이었다. 주인은 그가 입은 옷이 바뀐 걸 보고 "이제 힌두교인이 되셨군요!"라며 저녁 무렵에 손님들이 남긴 음식을 바깥에 내놓을 테니 다시 오라고 했다. 평소 거지들에게 내놓는 음식이었다. 그는 모욕감을 느꼈지만, 그 감정을 다루는 가르침으로 온종일 그에 대해 명상하며 시간을 보냈다. 저녁에 식당으로 온 그는 이제 바깥에 내놓은 음식을 먹을 마음의 준비가 되어있었다. 배가 무척 고팠던 탓도 있었지만, 지금껏 오성급 호텔에서 먹어본 어느 음식보다 그날의 식사가 더 맛있었다고 한다.

　노숙 첫날밤에 그는 붓다의 유골을 모신 사리탑 근처에서 자려고 했지만, 모기 때문에 잠을 설쳤다. 거기다 아침 무렵에 위경련도 일어났다. 다음 날 명상을 하려고 하자 설사했고 저녁에는 구토도 했다.

　다음 며칠간 상태가 더 나빠졌다. 그는 자신이 죽어가고 있음을 알았다. 그가 맨 처음으로 인식한 죽음의 신호는 흙의 요소가 물의 요소로 분해되고 있다는 것이었다. 몸이 천근만근 무겁게 느껴져 마치 땅속으로 가라앉는 것 같았다. 그다음 분해의 신호로 시야가 흐려졌다. 다음으로 입 주위를 혀로 핥아보았는데 침이 바짝 말라 있었다. 빠져나갈 체액이 더 이상 남아 있지 않을 정도로 탈수 증상이 심했다. 그는 자기 몸에서 물의 요소가 분해되고 있음을 알았다. 이제 그는 생각했다. "이게 그거야. 커다란 기회가 온 거야."(이토록 두려움 없는 태도를 상상할 수 있는가?) 그런 다음 체온이 급격히 내려갔다. 그때 바깥 공기는 무척 더웠다. 그는 자신의 급격한 체온 하강을 불의 요소가 분해되고 있다는 확실한 신호로 여겼다. 그런 다음 공기의 요소가 의식으로 분해되면서 숨을 들이쉴 때마다 자신이 풍선처럼 부풀어

오르는 것처럼 느껴졌다.

그는 아직 한 사람의 개인으로서 이 경험을 통과해 가고 있는 자신을 느꼈다. 여전히 '밍규르 린포체'라는 사람이 지금 일어나고 있는 과정을 관찰하며 따라가고 있는 느낌이었다. 하지만 그의 표현에 따르면 이제 그가 지닌 '개념적' 마음은 '점점 줄어들고' 있었다. 동시에 그의 참 본성이 더 생생히 드러났다. 그러던 중 거의 의식이 사라지며 흰색과 붉은색의 불빛이 그의 마음에 나타났다.

그다음에 일어난 일은 그가 지금껏 겪어본 어떤 것과도 달랐다. 그 일이 있고 나서 그는 그것을 말로 표현하기가 거의 불가능하다는 사실을 알았다. 하지만 그가 쓴 책을 보면 그것이 어떤 느낌인지 조금은 알 수 있다. 아직 밝은 의식이 남아 있었지만 개념적인 마음과는 전혀 달랐다. 자신과 타인, 내면과 외면의 구분이 사라졌고, 시간도 방향도 없었으며, 삶도 죽음도 없었다. 동시에 모든 것이 사랑으로 충만했다. 나무도, 별도, 온 세상도 모두 사랑으로 가득했다.

이 경험을 하기 전에 린포체는 하늘처럼 넓은 마음의 성질에 대해 오랜 시간 명상을 했던 터라 어느 정도 준비가 되어 있었다. 오랜 시간의 수련으로 그는 자신에게 지금 무슨 일이 일어나는지 알았다. 하지만 자기 마음의 본성에 대해 이토록 완전하게 인식한 적은 여태껏 한 번도 없었다.

나중에 짐작해보니 그는 다섯 시간을 이런 상태로 있었다고 한다. 이 개념 없는 단계에 들어갈 때는 주변이 칠흑처럼 어두웠으나 다시 의식으로 돌아올 때는 밝게 빛이 났다. 그런데 그가 의식으로 '돌아온' 일은 우리가 흔히 생각하는 것처럼, 사람이 의식을 잃은 뒤 다시 회복하는 방식과는 달랐다. 누군가 그를 직접 보았다면 그가 '의식을 잃었다'고 생각했을 테지만, 더 깊은 의미에서 볼 때 그는 이 경험을 하는 내내 '깨어 있었다.' 티 없이 맑은 의식에, 어디에나 존재하는 열린 마음에 계속해서 깨어 있었던 것이다.

마침내 그는 자기 몸으로 돌아왔다. 이것은 그가 의식적으로 내린 결단이 아니었다. '나'가 개입한다는 느낌은 더이상 없었다. 그런데도 스승으로서 할 일이 아직 끝나지 않았다는 생각 때문에 마음의 움직임이 다시 일어났다.

그는 자신의 몸속에 다시 들어가고 있다고 느꼈다. 평소의 호흡이 돌아왔고 체온도 따뜻해졌다. 감았던 눈을 뜨자 모든 것이 달라 보였다. 그에 따르면 나뭇잎은 여전히 초록색이었지만 이제 초록으로 빛나고 있었다. 아직도 무척 목이 말라 몸을 일으켜 양수기로 다가가던 중에 정말로 의식을 잃었다. 깨어났을 때는 정맥주사를 맞은 채 병원에 누워 있었다. (병원에 도착하는 과정은 또 하나의 흥미로운 이야기로, 밍규르 린포체의 책에 소개되어 있다.)

이것은 몸을 구성하는 요소들이 실제로 분해되어 가는 과정을 겪은 한 사람의 이야기다. 그리고 구름이 흩어지면서 드러나는 무한한 하늘처럼 마음이 활짝 드러나는 것을 체험한 누군가의 이야기다. 물론 밍규르 린포체는 의식을 회복했다. 의식을 회복하지 못했다면 이후에 무슨 일이 일어났는지 우리에게 말해주지 못했을 것이다. 이 이야기는 활짝 열린 상태로 마음을 유지하면서, 삶과 죽음의 중간지대가 지닌 영원성에 익숙해지려는 지속적인 연습이 얼마나 중요하고 큰 힘이 되는지 잘 보여준다.

사원을 떠난 날 밤부터, 그리고 이후 4년간 겪은 모든 경험을 통해 그는 태어남과 죽음의 경이로운 흐름 속에 온전히 살고자 노력했다. 그가 겪은 임사 체험은 그 흐름의 일부에 불과했다. 괜찮아진 직후부터(의사가 괜찮다고 생각하기 전에 그는 스스로 괜찮아졌다고 생각했다) 그는 하늘처럼 넓은 자신의 마음 외에 어떤 안전장치도 없이 완전한 미지의 세계에 다시 뛰어들었다. 이처럼 두려움 없는 용기에 이르는 과정을 곁에서 지켜보는 것만큼 다르마 수행에서 나에게 영감을 주는 부분은 없었다.

7
어머니의 빛과 아이의 빛

이번 생의 마지막 분해 과정, 즉 의식이 공간으로 분해되는 과정을 설명하는 전통적인 방식은 '아이의 빛(child luminosity)'이 '어머니의 빛(mother luminosity)'과 만난다고 보는 관점이다. 여기서 '아이의 빛'이란 하늘과 같은 우리 마음의 성질을 말하는데 누구나 훈련으로 이 성질을 익힐 수 있다. 티베트불교 전통에서는 스승이 제자에게 마음의 이런 성질을 가리켜 보인다. 스승은 활짝 열린, 걸림 없는 마음에 관한 경험을 계발하고 안정시키는 법을 제자에게 전한다. 이 가르침과 수련은 모두 '아이의 빛'에 대한 확신을 키우기 위한 목적이다. 밍규르 린포체도 자기 삶에서 오랜 시간 '아이의 빛'을 수련하며 지냈는데, 이것이 그가 죽음에 그토록 준비가 되어있었던 이유이기도 하다.

한편 어머니의 빛은 '근본적 빛(ground luminosity)'이라고도 하는데 실재의 궁극적 성질을 가리키는 것으로, 우리 자신의 본성과 조금도 다르지 않다. 모든 사물과 사람을 포괄

하는, 의식이 지닌 무한히 열린 공간을 말한다. 연민과 지혜가 깃든 우주의 근본적 선함이라고 해도 좋다. 나에게 커다란 영감을 주는 부분은, 당신과 나처럼 평범한 사람도 언제든 어머니의 빛과 연결할 수 있다는 점이다. 그러나 언제나 거기 존재함에도 어머니의 빛은 분해 과정의 마지막에 이르러서야, 그리고 우리가 그것을 알아볼 때만 온전히 그리고 완전하게 우리 앞에 드러난다.

우리가 아이의 빛을 연습해 스스로 잘 준비한다면 어머니의 빛이 자기 모습을 드러낼 때 그것을 알아볼 수 있다. 베이비시터가 종일 정성껏 돌본 아이처럼 우리는 자연스럽게 어머니에게 달려가 어머니와 다시 하나가 될 것이다. 내가 자주 인용하는 바르도에 관한 기도문 중에 이런 것이 있다. "내가 자유롭게 되기를. 마치 어머니의 무릎으로 달려가는 아이처럼 자연스럽게."

아이의 빛은 꽃병 속의 공간에, 어머니의 빛은 꽃병 바깥의 넓은 공간에 비유할 수 있다. 꽃병 속과 꽃병 바깥의 공간이 꽃병에 의해 분리되므로 두 공간이 별개의 공간이라고 말할 수도 있지만, 둘 다 비어 있다는 점에서 두 공간의 본질은 조금도 다르지 않다. 꽃병이 깨지면(이것을 죽음에 비유할 수 있다) 두 공간을 가르던 장벽이 사라져 둘은 하나가 된다. 우리 마음의 본성에 관한 이야기에서 '빛(luminosity)'이라고 할 때 그것은 우리가 흔히 가리키는 '빛'을 의미하지 않는다. 그것은 어떤 것을 자각하고 있는 우리 마음의 성질을 가리킨다. 무언가를 아는, 마음의 성질이다. 우리가 보고 듣고 생각하고 느끼는 것을 아는 것을 말한다. 그것은 우리의 참 본성을 깨닫는 잠재력을 가리키기도 한다. 우리가 연습할 수 있고 언제든 연결할 수 있는 '열린 자각', '열린 알아차림'이라고 간단히 부르는 게 더 좋을지도 모른다.

태어남과 죽음이라는 끊임없는 흐름과 우리의 삶을 이루는 끝없는 바르도에 익숙해지면, 이 열린 알아차림이 모든 경험의 배경이 된다는 것을 조금씩 알게 된다. 우리는 어떤 일이 시작되고 끝나는 모든 경우에, 어떤 일이 흥하고 쇠하는 모든 경우에 열린 알아차림이 우리와 함께하는 경지에 이를 수 있다. 열린 알아차림은 잠시 나타났다 사라졌다 하지 않는다. 그것은 우리가 살면서 겪는 모든 변전(變轉, 이리저리 자꾸 달라짐)과 사이사이 틈 속에 언제나 존재하고 있다. 열린 알아차림은 우리 마음의 풍경이 지닌 항시적 특징이다. 지금으로서는 아득히 먼 경지로 보여도 그것은 우리의 타고난 권리로서 언제든지 실현될 가능성을 품고 있다.

그런데 어떤 식으로든 열린 알아차림의 위치를 알아내려 하거나 묘사하려 하거나 개념화하려 해도 그것은 잘되지 않는다. 아무리 열심히 찾아봐도 고정적으로 규정할만한 그 어떤 것도 발견할 수 없다. 그런데도 우리가 열린 알아차림을 아주 직접적으로 알아 언제든 그것을 자각하는 일은 가능하다. 우리는 모든 상황에서, 심지어 우리 몸이 분해되는 동안에도 열린 알아차림을 인지할 수 있다. 몸이 분해되는 시간은 우리에게 가장 중요한 시간이다.

대부분의 시간 동안 우리는 다른 것에 푹 빠져 열린 알아차림을 자각하지 못한 채 산다. 우리는 자기 생각과 감정에, 자신의 희망과 두려움에, 있는 그대로의 상황에 대한 전반적인 저항감에 사로잡혀 지낸다. 전통적인 비유를 들면, 우리는 밤낮으로 돈 때문에 고민하고 고생하면서도 당장 가난에서 벗어날 수 있는 어마어마한 금덩이가 집에 있다는 사실을 모르는 가난한 사람과 같다.

붓다를 비롯한 위대한 스승들은 우리의 빛나는 마음을 드러내는 여러 가지 방법을 가르쳤다. 트룽파 린포체가 처음 서양에서 명상을 지도할 때 제자들에게 편안하게 이완한 채 그저 현재에 오롯이 머물게 했다. 일어나는 생각이 마음을 엉뚱한 곳으로 휩쓸어가더라도 계속해서 현재 순간에 돌아오도록 했다. 그러나 사람들 대부분이 현재로 계속 돌아오는 게 거의 불가능하다는 사실이 드러났다. 그러자 트룽파 린포체는 내쉬는 숨을 집중하는 대상으로 삼고, 그것을 가볍게 알아차리는 방법을 소개했다. "숨을 내쉴 때 그것에 (주의를 기울여) 가볍게 터치한 다음 내려놓으십시오." 이것이 내가 그에게 처음으로 배운 방법이었다.

가장 일반적이고 대중적인 방법은 명상 자세로 앉아 호흡이나 어떤 물체에 집중하면서 그때 일어나는 생각을 살피는 것이다. 이를 비롯한 불교의 다양한 수행법은 마음의 속도를 충분히 늦춰 자신의 습관적인 생각 패턴을 알아보게 하려는 게 목적이다. 그리고 그런 습관적인 패턴이 우리의 주의를 거의 잡아먹고 있다는 사실을 스스로 깨닫게 하려는 게 목적이다. 이 방법으로 우리는 생각에 푹 빠져 있는 자신의 성향에 약간의 틈을 낼 수 있다. 구름 뒤편의 하늘과 같은 마음으로 계속해서 터치할 수 있다.•

• 앉기 명상과 열린 알아차림 명상법에 관한 기본 지침은 부록 B를 참조.

이렇게 하는 간단한 방법 가운데 하나는 내가 '멈춤 수련'이라고 부르는 것이다. 당신이 무엇을 하고 있든, 하던 일을 잠시 멈추고 먼 곳을 바라본다. 이것은 하루 중 언제라도 할 수 있다. 길을 걷는 중에도, 설거지하는 동안에도 잠시 멈춘 뒤 먼 곳을 바라볼 수 있다. 이렇게 하던 일을 잠시 멈출 때, 지금껏 생각에 빠져 있던 관성의 힘이 약해지면서 신선한 눈으로 새롭게 바라볼 수 있다. 트룽파 린포체는 이것을 '현재성(nowness)'이라고 불렀다. 현재성을 완벽히 경험하지 못하더라도, 그것을 언뜻 엿보는 것만으로 생각에 사로잡힌 상태와 열린 마음으로 존재하는 상태의 차이가 분명히 드러난다. 이렇게 당신 자신의 참 본성을 살짝 엿볼 수 있으며, 당신은 자신의 참 본성이 무엇인지 감을 잡기 시작한다.

한번은 내가 이 주제에 관해 가르치고 있을 때 누군가 내게 물었다. "시간이 지나면 이 경험이 점점 또렷하고 분명하게 다가올까요?" 그녀는 자신이 이 가르침을 들으며 오랜 시간 명상 수련을 했지만 '열린 알아차림'이나 '하늘처럼 넓은 마음'이 어떤 것인지 감을 잡지 못하겠다고 토로했다. 그녀는 이것이 과도하게 개념에 빠져 늘 문제의 답을 찾으려는 자신의 성향 때문이라고 여겼다.

　　나는 그녀의 질문에 대해 잠시 골똘히 생각한 뒤 이렇게 답했다. "열린 알아차림이나 하늘 같은 마음에 대한 경험이 점점 또렷해지는지 아닌지는 당신에게 달렸어요." 열린 알아차림을 자각하는 것은 저절로 일어나지 않는다. 그것은 일정한 단계를 거치는 과정이다. 많은 사람이 하늘처럼 넓은 자신의 마음에 익숙해질 때까지 편안하게 이완하는 법을 익히는 데 오랜 시간을 보낸다. 우리가 지닌 습관적인 생각 패턴의 이면에 자리 잡은 활짝 열린 공간에 진정으로 호기심을 갖는다면, 그리고 구름 뒤편의 하늘을 알고자 한다면 누구라도 그러한 시도에 전념하는 일정한 시간이 필요하다.

　　그러나 시작에 앞서 알아야 할 것이 있다. 우리가 지금부터 하려는 것은 우리에게 일어나는 생각을 적으로 삼아 그것을 타도하는 프로젝트가 아니란 점이다. 구름은 하늘에 해를 입히지 않은 채 나타났다 사라진다. 생각 역시 우리 마음에 해를 입히지 않은 채로 일어났다 물러갈 수 있다. 우리가 좋아하든 싫어하든 생각은 계속해서 일어난다. 이것이 우리 마음의, 있는 그대로의 실상이다. 이것을 문제로 볼 필요는 없다. 일어나는 생각을 원수로 여기는 대신 더욱 부드럽고 건설적인 해법이 있다. 그것은 일어나는 생각에 대해 단순한 호기심을 갖는 것이다. 우리는 그저 이런 궁금증을 가질 수 있다.

'이 모든 것의 이면에 도대체 무엇이 있지? 만약 내가 갑자기 생각을 멈춘다면? 나는 무엇을 경험하게 될까? 그건 그렇다 치고 이 생각이란 놈의 정체는 대체 뭐지? 정말 실체를 가진 놈일까? 생각은 정말로 나를 위협하는 존재일까?'

이런 종류의 호기심을 갖는다면 당신은 자연스럽게 그 상황을 더 깊이 들여다보게 될 것이다. 그리고 이렇게 공부하고 수련하는 과정에서 그 경험은 점점 더 또렷해질 것이다. 그러면서 더 자주 멈추게 되고, 당신의 생각이 지닌 폭주하는 성질을 끊을 수 있을 것이다. 그러면 당신에게 떠오르는 생각도 점차 문제가 되지 않고, 신선함과 널따란 여유의 순간을 더 자주 즐기게 될 것이다. 당신이 이런 종류의 탐구에 전념할수록 열린 알아차림에 대한 감이 더 또렷하고 분명해진다.

내가 처음으로 열린 마음을 분명하게 경험한 것은 다

소 유머러스한 방식이었다. 그것은 내가 '그 틈'을 발견한 날이었다. 당시 나는 매일, 온종일 명상 홀에 앉아 있는 장기간의 집중 수련회에 참여하고 있었다. 명상 홀에 커다란 선풍기가 있었는데 얼마 지나지 않아 나는 선풍기 소리에 익숙해져 거의 신경을 쓰지 않고 있었다. 그냥 그런가 보다 하고 있었다. 그 전에 우리는 마음의 성질에 관한 가르침을 받았는데 그곳 수행자들은 '틈'이니 '널찍함'이니 하는 단어를 계속 쓰고 있었다. 나는 이것이 대체 무슨 소리인지 몰라 답답했다. 이것을 마치 남몰래 간직한 작은 비밀처럼 느끼는 지경까지 이르렀다.

이렇게 다소 우울한 기분에 빠져 있던 중 갑자기 선풍기가 3초 정도 작동을 멈추는 일이 있었다. 3초가 지난 뒤 선풍기는 다시 돌아갔다. 그때 나는 깨달았다. '바로 이거야!' '틈'이니 '널찍함'이니 하는 것이(그것을 뭐라고 부르든 상관없이) 바로 거기에 있었다. 선풍기가 내던 윙윙대는 소리가 한순간 갑자기 멈추었다. 그것이 틈이었다. 마치 누군가가 나의 경험에 멈춤을 밀어 넣은 것 같았다. 그런 뒤 다시 선풍기의 윙윙거리는 소리가 들리기 시작했다. 손가락으로 콕 집어 가리킬 수는 없었지만, 나는 열린 공간이 지금껏 늘 바로 여기에 있었다는 걸 알았다. 너무도 단순했지만, 오히려 그것이 더 큰 깨달음을 줬다.

내가 이런 경험을 한 이유가 그저 선풍기가 잠시 작동을 멈췄기 때문이라고 생각할지 모른다. 하지만 나는 선풍기가 고장 난 일을 그전에도 여러 번 겪었다. 그때마다 나는 생각의 열차에 계속해서 탄 채 생각을 좇아갔다. 그날 내가 그런 경험을 한 것은 내가 명상 홀에 있었기 때문이며, 그 시간 동안 어떤 것을 지극히 알고 싶었기 때문이다. 또 최선을 다해 명상 지침을 따르고자 했기 때문이다. 지금 돌아보면 내가 어떤 일을 제대로 못 하는 '루저'라고 느낄 때마다 이런 인식 경험에 필요한 기초 작업을 하고 있었던 게 아닌가 하는 생각이 든다.

열린 알아차림을 인식하도록 하는 마음 훈련은 깊이 각인된 우리의 습관을 변화시키는 긴 시간의 탐구이다. 삶을 있는 그대로 받아들이지 못하는 데 너무 익숙한 나머지 우리는 종종 수련마저 또 하나의 투쟁으로 만들고 만다. 열린 알아차림을 인식하는 작업을 시도할 때 우리는 자신이 지금 무엇을 하고 있는지 확신하지 못한 채 스스로 의심하고 있는 자신을 보게 될지 모른다. 이처럼 우리는 자기 스스로 혼란에 빠트리는 데 너무도 능숙하다. 그러나 계속해서 호기심을 갖고 주어진 명상 지침을 충실히 따른다면 우리 마음의 참 본성은 점점 더 익숙하게 다가올 것이다. 이때 우리는 자기 경험을 구성하는 온갖 지각과 생각의 만화경 이면에서 우리가 정말로 '누구인지' 알게 된다. 그러면 우리에게 일어나는 어떤 일에도 준비를 할 수 있다. 평소 같으면 우리를 매우 불안하게 했을, 딛고 설 곳이 없다고 느끼는 막막한 느낌에도 준비할 수 있다. 마지막으로, 몸의 요소들이 분해되면 우리는 엄마를 알아보고 주저 없이 편안한 엄마 품에 달려가는 아이처럼 깊은 기쁨과 위안을 느낀다.

8
바르도를 통과해 가는 자는 누구인가

매 순간 죽음이 일어나고 있다고 말할 때 자연스럽게 떠오르는 질문이 있다. "만약 지금, 이 순간에도 내가 끊임없이 태어나고 죽고 있다면 이 모든 경험을 관통하는 자는 도대체 누구인가?" 하는 질문이다. 이 몸이 죽으면 누가 어머니 빛과 합일하는 기회를 얻는가? 만약 그 기회를 놓친다면 누가 '다르마타 바르도'라는 다음 바르도로 넘어가는가? 환생이 있다면 누가 다시 태어나는가? 이와 비슷한 질문으로 이런 것이 있다. "무엇이 이번 생에서 다음 생으로 계속 옮겨가는가?" "바르도를 통과해 가는 자는 누구인가?"

이 모든 질문에 대한 표준적 대답은 '의식'이다. 티베트어로 '남셰(namshé)'라고 하는 '의식'은 사람에 따라 다른 의미로 사용하지만, 티베트어는 마음을 설명하는 데 있어 매우 정확하다. 남셰는 의식이 이원적(二元的)이라는 의미이다. 가령, 로사가 산을 본다고 할 때 로사는 여기에 있고 산은 저기에 있다. 둘은 별개의 사물이다. 로사가 보고 들고 냄새 맡고 맛보고 느끼는 대상은 무엇이든 로사와 별개의 사물로 여겨진다.

우리 모두에게 사물은 이렇게 나타나 보인다. 그렇지 않은가? 우리는 기본적으로 나와 나 이외의 만물이 서로 분리되어 존재한다는 감각을 갖고 있다. 내가 하는 경험은 계속 바뀌어도 '나'란 존재는 변하지 않고 늘 똑같은 존재로 머무는 것처럼 보인다. 절대 변하지 않는다고 느껴지는 나의 무엇이 존재하는 것 같다. 그렇지만 이처럼 변하지 않는 나를 찾으려고 해도 그렇게 확실히 고정할 수 있는 것은 아무것도 없음을 알게 된다.

나는 1936년 7월 14일에 태어났다. 당시 내 이름은 데이드레 블룸필드-브라운이었다. 물론 어린 데이드레와 오늘의 페마 사이에 연결성이 존재함을 인정한다. 나는 어릴 적 기억을 지금도 간직하고 있으며, 어릴 적 나의 부모님은 오래전 돌아가셨어도 여전히 나의 부모님이다. 과학자는 아기 적 나와 지금의 내가 같은 DNA를 갖고 있다고 말할 것이다. 물론 생일도 같다. 그러나 흥미로운 질문이 남는다. 1936년에 태어난 신생아와 오늘의 나이 든 여성인 내가 실제로 같은 사람일까?

나는 갓난아기와 걸음마 시절의 내 사진을 지금도 가지고 있다. 굳이 찾는다면 그 아기와 거울에 보이는 오늘의 내 모습 사이에 비슷한 점을 발견할 수도 있을 것이다. 그러나 나는 오늘 내 몸의 세포 중 어느 것도 아기 적 세포와 같지 않음을 머리로 안다. 지금, 이 순간에도 내 몸의 모든 세포와 원자는 쉴 새 없이 바뀌고 있다.

나는 해가 바뀌어도, 아니 매 순간이라도, 변하지 않는 진짜 나를 찾으려고 오랫동안 무던히 애썼지만 찾지 못했다. (이것은 해볼 만한 연습으로, 삶과 죽음의 신비에 관심 있는 사람에게 이 연습을 강력히 추천한다.) 진짜 나를 찾을 수 없다면 바르도의 관점에서 볼 때 우리는 어디에 남겨지는 것일까?

말했듯이, 무엇이 이번 생에서 다음 생으로 계속 나아가는가에 대한 표준적 대답은 '남셰'라는 이원적 의식이다. 이것을 이해하기란 그리 쉽지 않다. 얼마 전 나는 친구 켄 맥레오드에게 전화했다. 그는 학식 있는 불교 수행자로, 가장 아끼는 나의 책 몇 권을 함께 쓴 공저자이기도 하다. 나는 그에게 이것에 관해 전화로 물었다. 그는 여느 다르마 수행자와 마찬가지로 바르도를 통과해 가는 주체는 남셰라고 답했다. 그러나 그가 분명히 한 것이 있다. 남셰라는 이 의식은 모든 것을 통과해 흘러가는 안정된 실체가 아니라는 점이다. 남셰라는 의식은 끊임없이 분해되어 다시 형성되고 있다고 한다. 매 순간 우리는 토스트의 향과 빛의 변화, 친구에 관한 생각 등 새로운 것을 경험한다. 그리고 그 모든 순간에 우리는 그것을 경험하고 있는 '자기'가 존재한다는 감각이 있다. '나'라는 감각, '토스트 향을 맡는 사람'이라는 감각이 있는 것이다. 이 순간이 지나면 곧장 다음 순간으로 이어지는데, 다음 순간 역시 그것을 경험하는 주체와 그것의 경험 대상이 존재한다. 주체와 대상이라는, 이원적 경험의 흐름은 우리가 깨어 있는 시간과 꿈꾸는 시간에, 또 이번 생과 다음 생에서도 방해받지 않고 계속해서 이어진다.

그러나 이런 순간들의 흐름을 넘어, 이 모든 것의 근저에 자리 잡은 어떤 것이 있지 않을까? '의식'이라고 가리킬 수 있는 무엇이 존재하지 않을까? 그러나 우리는 자신의 모든 경험을 통과해 살아가는 고정된 요소가 어디에 존재하는지 찾을 수도, 설명할 수도 없다. 켄은 이런 관점에서 '무엇이 바르도를 통과해 가는가?'라는 질문에 대한 또 다른 대답으로 '아무것도 통과해 가지 않는다'라고 답했다. 한

순간이 일어난 뒤 다음 순간이 일어나는, 개별적인 순간들의 연속만이 존재할 뿐이라는 것이다. 우리가 '의식'이라고 여기는 것은 이처럼 유동적이다. 그것은 '명사'보다 '동사'에 가깝다.

켄과 내가 이 대화를 나눴을 때 내가 자아를 영원한 어떤 것으로 집착하고 있음을 더 잘 알았다. 실제로 자아는 그보다 훨씬 역동적인 것인데도 말이다. 자아는 고정되어 있는, 얼어붙어 있는 무엇이 아니다. 우리는 이처럼 자기를 '얼어붙은' 존재로 보는 견해를 갖기 쉽다. 그것은 타인에 대해서도 마찬가지다. 하지만 그것은 잘못된 이해에 바탕을 둔 견해다.

그런데 우리는 왜 이렇게 오해하고 있을까? 누가 알겠는가? 그저 우리는 지금껏 늘 자신과 타인을 이런 식으로 보며 살아왔는지 모른다. 이를 가리키는 불교 용어가 있다. '함께 일어나는 무지(co-emergent ignorance)'라는 것인데 아남 툽텐은 이것을 '함께 일어나는 무자각(co-emergent unawareness)'이라고 불렀다. 우리는 누구나 이런 무자각 상태로 이번 생에 태어난다. 그렇다면 우리는 무엇을 자각하지 못하는 걸까? 우리는 우리가 단단하고 고정된 실체가 아니라는 사실을 자각하지 못한다. 또 우리가 지각 대상과 별개의 존재가 아니라는 사실도 자각하지 못한다. 이것은 우리가 지닌 커다란 오해로서 '분리'라는 환영이다.

　　우리가 지닌 무자각의 기원에 관해 내가 스승들로부터 전해 들은 바는 다음과 같다. 처음에는 유동적이고 역동적인 열린 공간이 존재했다. 거기에는 이원성의 감각이란 것이 없었다. 다른 모든 사물과 분리된 '나'라는 감각이 없었다. 그러다 어느 순간, 모든 사물이 우리 눈에 보이도록 모습을 드러낸다. 제대로 이해하면, 처음의 열린 공간과 만물이 드러낸 각자의 모습은 서로 다른 별개의 상태가 아니다. 그것은 해와 햇볕처럼 하나이다. 이것은 우리가 지금 경험하는 모든 것이 실은 우리 자신의 마음이 표현된 것이라는 의미다. 이 합일을 깨닫는 것을 '함께 발생하는 지혜' 또는 '함께 발생하는 알아차림'이라고 한다. 한편, 분리와 견고함의 환영에 사로잡혀 있는 상태를 '함께 발생하는 무자각'이라고 부른다.

　　물론 지금의 당신과 나는, 함께 발생하는 무자각 상태에 있다. 함께 발생하는 무자각이 우리가 평소에 하는 일반적인 경험이라는 사실은 분명하다. 그러나 실재에 있어 세상의 어떤 사람과 사물도 고정되거나 멈추어 있는 것은 없다. 의식은 끊임없이 분해되면서 재형성되는 과정에 있다. 지금도 그렇고 바르도에서도 그렇다. 그리고 의식이 다시 만들어질 때마다 그것은 이전과 다른 새로운 무엇이 된다. 이것은 매 순간을 완전히 새롭게, 열린 태도로 받아들일 수 있는 무수한 기회가 우리에게 주어져 있다는 의미다. 우리는 세상을 새롭게 바라볼 또 한 번의 기회를 언제나 얻고 있다. 근본적인 열림과 다시 연결할 기회는 언제나 우리에게 있다. 우리가 이 근본적인 널찍함과 분리된 적이 한 번도 없다는 사실을 깨닫는 기회는 항상 있으며, 우리가 분리되어 있다는 생각이 커다란 오해임을 인식할 기회도 언제나 존재한다.

이 점에 대해 충분히 숙고해 본다면 당신은 합리적인 사고로 이것을 이해할 수 있을 것이다. 그렇지만 이어서 당신은 자신에게 이렇게 질문할 것이다. "그렇다면 나 자신을 분리된 존재로 경험하는 이유는 뭘까? 나는 왜 매 순간을 새롭게 경험하지 못할까? 왜 늘 답답하다고 느낄까?" 이렇게 느끼는 이유는 당신이 다른 모든 사람들과 마찬가지로 함께 발생하는 무자각 상태에 아주 오랫동안 있었기 때문이다. 따라서 이 상태에서 벗어나는 데도 그만큼 오랜 시간이 걸린다.

분리된 존재라는 우리의 오해는 뿌리가 깊다. 동물들조차 자신이 다른 사물과 분리된 개체라는 감각을 처음부터 갖고 태어난다. 하지만 인간은 동물과 다르게, 생각하는 능력이 있다. 인간은 정교한 뇌를 사용해 자신이 가진 분리의 환영이 실은 오해임을 깨달을 수 있다. 매 순간 열림과 넓찍함이라는 근본 토대와 잠시나마 하나 될 기회가 있다는 사실을 깨달을 수 있다.

그런데 이 점을 확신한다 해도 지금까지 우리에게 익숙해 있던 분리의 감각을 당장 의지만으로 떨쳐낼 수 있는 것은 아니다. 그런데도 우리가 할 수 있는 일이 있다. 바로, 명상을 시작하는 것이다. 명상 방석에 앉아 있는 잠깐에도 우리는 우리의 의식이 얼마나 유동적인지 스스로 볼 수 있다. 생각과 감정, 지각이 나타났다 사라지는 과정을 관찰할 수 있으며, 이 과정이 쉼 없이 이어지는 것을 볼 수 있다.

또 생각이 얼마나 신비로운지도 볼 수 있다. 이 모든 생각은 대체 어디에서 나타난 것일까? 그리고 어디로 사라지는 것일까? 또 우리 마음에 일어나는 일에 우리는 왜 이토록 신경을 쓰는 것일까? 마치 안개처럼 손에 잡히지 않는 생각이 어떻게 불필요한 문제들을 끝도 없이 우리에게 일으키는 걸까? 생각은 어떻게 걱정하게 하고, 질투하게 만들며, 사람들과 다투게 하고, 행복에 도취했다가 금세 우울의 나락에 빠지게도 하는 걸까?

명상은 이처럼 종잡을 수 없는 마음의 성질과 우리가 가진 '나'라는 관념을 꿰뚫어 보는 법을 우리에게 알려준다. 명상을 수련하면 우리의 경험이 고정되지 않은 채 끊임없이 흘러가는 것에 점차 익숙해진다. 이런 경험을 하는 주체를 특정할 수는 없다. 그런데도 우리는 이런 일이 일어나는 것을 분명히 볼 수 있다.

이런 관점에서 보면 바르도를 통과해 가는 고정된 존재란 존재하지 않는다. 이것을 이렇게 말할 수도 있다. 삶과 죽음을 경험하는 일관되고 계속적인 개인은 존재하지 않는다고 말이다. 특정한 개인이 살아가고, 특정한 개인이 죽는 것이 아니다. 삶과 죽음, 시작과 끝, 얻음과 잃음이 모두 꿈과 같고 마술의 환상과도 같다.

9
두 가지 진실

불교의 가르침에서는 모든 사물과 현상에 두 가지 차원의 진실이 있다고 본다. 하나는 상대적 진실이고 또 하나는 절대적 진실이다. 상대적 진실이 삶에 푹 빠진 상태에서 경험하는 방식이라면, 절대적 진실은 더 넓은 관점으로 삶에서 일정한 거리를 두고 경험하는 방식이다.

나는 상대적 진실을 우리의 일상생활 이야기에 대입해 생각하는 것을 좋아한다. 우리가 보고 듣고 생각하는 것, 우리가 만나는 사람과 사물에 대해 일으키는 느낌, 세상과 관계 맺는 방식, 사물이 우리에게 보이는 모습과 작동하는 방식 등이 모두 상대적 진실이다.

나무는 땅에서 위를 향해 자란다. 나무에는 가지와 잎이 있고 가을이 되면 잎이 떨어진다. 모든 사람이 여기에 동의한다는 점에서 이 진술은 '진실'이다. 이것은 우리가 합의하는 실재이다. 만약 누군가 "나무는 하늘에서 아래를 향해 자란다"고 한다면 우리는 그가 진실을 말하지 않는다고 할 것이다. 그것은 합의한 실재가 아니다. 인간에게 있어 나무라는 존재는 모두가 합의한 상대적 진실이다. 하지만 흰개미에게는 아마도 '나무'라는 감각이 없을 터이다. 흰개미는 나무를 볼 때 그것이 자기에게 어떤 의미를 갖는가의 관점, 즉 나무를 음식이나 거주처로 볼 것이다. 나무처럼 명백해 보이는 사물조차 실제로는 누가 그것을 보는가, 언제 보는가, 얼마나 가까이에서 보는가, 그가 무엇에 관심이 있는가에 따라 전혀 다르게 보인다.

이것은 우주의 모든 사물이 마찬가지다. 우리가 사는 상대적 세계는 우리가 믿고 싶어 하는 것보다 더 잠정적인 성격을 지녔으며, 다양한 해석들에 열려 있다. 여기가 바로 상대적인 것과 절대적인 것이 만나는 지점이다. 우리가 어떤 사물을 평소 우리가 지닌 개념 작용을 거치지 않고 지각할 때 '순야타(shunyaata)'라는 공(空)을 발견할 수 있다. 공은 '비어 있다'는 의미이지만 사람들이 자주 오해하는 단어다. 여기서 '비어 있다'는 것은 아무것도 없는 텅 비어 있는 공간, 어떤 사물도 의미를 갖지 않는 차가운 암흑세계를 말하는 게 아니다. 공이 의미하는 '비어 있음'이란, 우리가 접하는 모든 사물이 실은 우리의 개념적 해석이나 관점과 의견에서 자유로운 상태, 즉 그런 것이 없이 비어 있는 상태로 존재함을 의미한다. 세상의 무엇도 고정된 상태로 존재하지 않는다. 영원히, 확정적으로 한 가지 방식으로 존재하는 사물은 아무것도 없다. 모든 현상은 우리의 가치 판단이나 선입견과 무관하게, 있는 그대로 존재할 뿐이다.

나는 생쥐 한 마리를 보고는 '귀엽다'고 생각하지만 어떤 사람은 무섭다고 느낄 수 있다. 어떤 사람은 생쥐를 잡으려고 달려들 것이다(작은 생쥐야, 부디 조심하렴!). 하지만 생쥐는 생쥐에 관한 우리의 이런 생각들과 본질적으로 무관한 상태로 존재한다. 이 작은 생명체에 대한 우리의 온갖 관념이나 의견에 아랑곳하지 않고 생쥐는 그저 생쥐일 뿐이다. 생쥐는 우리의 관념적 투사로부터 자유로운 상태로 그저 생쥐로 존재할 뿐이다.

'절대적 진실'이란 세상과 세상 만물의 활짝 열린, 규정할 수 없는 성질을 가리킨다. 다시 말해 우리 자신과 그 밖의 다른 생명체들, 우리가 살아가는 주변 환경 등 모든 것이 열린 상태이며 콕 집어 규정할 수 없는 성질을 지니고 있다. '절대적'이라고 부르는 이유는 그것이 진실이 되기 위해 다른 어떤 것에도 의존하지 않는다는 의미에서다. 사물의 있는 그대로의 본성이 그러할 뿐이다. 한발 물러서 우리가 이 절대적 진실을 편안하게 여길 때, 우리는 삶이 반드시 우리의 방식대로 되어야 한다며 고집부리는 일도 줄어들 것이다. 동시에 우리의 행동이 세상에 미치는 영향에 대해서도 더 많이 생각하게 될 것이다.

1971년 우주비행사 에드가 미첼이 직접 달을 밟고서 더 큰 관점으로 지구를 바라보았을 때 그는 지구가 하나임을 깨달았다. 인간들이 지구에서 그어놓은 모든 구분은(그 구분은 인간에게 커다란 고통을 안겼다) 인간들이 제멋대로 만든 것으로, 아무 의미가 없었다. 그는 지구인들이 서로 협력해야 한다는 것을 깨달았다. 그리고 서로가 분리된 존재라고 여기는 생각이 환상임을 깨달았다. 그는 이렇게 말했다. "달에서 보면 지구에서 벌어지는 나라 간 정치도 지극히 사소해 보여요." 미첼은 만물의 실상을 있는 그대로 보는 절대적 경지를 체험했다. 이런 관점은 지구로 돌아와서도 그가 살아가는 방식에 계속해서 영향을 미쳤다. 하지만 그는 상대적인 세계와 계속 관계를 맺으며 살아야 했다. 상대적 세계는 그의 기존 경향성을 계속 자극했고, 자신과 타인 사이에 장벽을 세우게 했다. 그것은 그가 우주에서 바라본,

의미 없다고 보았던, 우리에게 고통을 안기는 그 장벽이었다.

아주 어렸을 때 나는 이런 절대적 경지를 매우 직접적으로 체험한 적이 있어 소개하려고 한다. 어느 여름날 밤에 나는 여느 때처럼 바닥에 등을 대고 누워 밤하늘의 별을 올려다보고 있었다. 그날도 나는 하늘의 수많은 별을 올려다보는 경험이 선사한 느낌에 완전히 마음이 사로잡혀 있었다. 그런데 그날 밤엔 뭔가 달랐다. 내 안의 어떤 것이 변화하면서 전구가 번쩍하고 켜지는 듯한 경험을 했다. 일부러 그런 것은 아니지만 갑자기 저 밤하늘이 고대 그리스 시대 어린이들이 올려다보던 밤하늘과 똑같은 하늘이라는 데 생각이 미친 것이다. 심지어 그것은 선사시대 이전 사람들이 바라보던 밤하늘과도 조금도 다르지 않은 하늘이었다. 나는 그 밤하늘이 내가 태어나기 전에도 거기 있었고, 내가 죽은 뒤에도 계속 거기 있을 것임을 알았다. 나는 그 후 오랫동안 이것을 누구에게도 터놓고 싶지 않은 나만의 비밀로 간직했다. 만약 누군가에게 말한다면 그 비밀의 신비로움을 망칠 것만 같았기 때문이다.

1943년의 어느 날 밤 뉴저지에서 올려다본 밤하늘의

별 체험은 상대적인 경험이었다. 한편, 그 밤하늘이 언제나 거기 있었고 그 뒤로도 계속 거기 있을 것이라는 분명한 앎은 절대적인 경험, 시간을 초월한 영원한 경험이었다.

'절대'가 '상대'보다 더 좋은 것으로 보이지만 한 가지 진실이 다른 진실보다 반드시 우월하다고 생각할 필요는 없다. 나무를 바라보는 자기만의 방식을 유일한 방식이라고 생각하지 않고도 우리는 나무의 아름다움을 온전히 체험할 수 있다. 우리는 어느 무더운 날 나무가 드리우는 그림자를 평소 생각하는 것보다 훨씬 신비스럽다고 알면서 그것을 즐길 수 있다. 영적 구도의 길에서 우리의 목표는 상대적 진실을 없앤 뒤 텅 비어 있는 절대적 진실에 머무르는 것이 아니다. 상대적 진실과 절대적 진실은 떼려야 뗄 수 없이 함께 가는 관계다.

'상대'와 '절대'라는 말은 우리에게 같은 주제를 서로 다른 두 각도에서 이야기하는 법을 알려준다. 바르도를 통과해 가는 실체는 아무것도 존재하지 않는다고 말할 때 우리는 더 큰 관점, 즉 절대적인 관점에서 말하는 것이다. 우리가 경험하는 모든 순간을 통과해 가는 의식, 이번 생과 다음 생을 다리처럼 이어주는 의식은 끊임없이 분해되면서 다시 만들어진다. 아무리 애를 써도 어떤 실체를 콕 집어 가리킬 수 없다.

절대적 관점에서 보자면 사는 이도, 죽는 이도 없다. 또 바르도를 통과해 가는 이도 없다. 반면 상대적 관점에서는 사랑하는 이가 세상을 뜨면 우리는 애도한다. 상대적 관점에서 볼 때 우리는 고통과 기쁨, 희망과 두려움, 생각과 지각, 삶과 죽음을 경험한다. 상대적 관점에서 우리가 하는 모든 행동은 우리 자신과 우리가 사는 세상에 영향을 미친다. 그래서 우리가 하는 모든 일이 중요하다.

우리가 하는 행동은 언제나 일정한 영향을 일으킨다. 티베트에 불교를 세운 8세기 인도의 불교 스승이자 '구루 린포체'로 흔히 알려진 파드마삼바바(Padmasambhava)는 이렇게 말했다. "나의 눈은 하늘보다 더 높이 본다. 하지만 나는 나의 행동과 그것이 미치는 영향에 밀가루보다 더 세밀하게 주의를 기울인다." 그는 깨달음을 얻은 수도자였음에도 자기 삶의 상대적인 세부들과 자기 행동이 가져오는 영향에 주의를 기울이는 게 얼마나 중요한지 알고 있었다.

붓다는 제자들에게 일상생활에서 동떨어진 박제된 앎의 영역에 계속 머물라고 가르치지 않았다. 오히려 붓다는 자신과 타인에게 기쁨을 가져오고 고통을 덜어주는 행동에 중점을 두고 많은 가르침을 전했다. 그 가르침에는 우리가 어떻게 삶을 살고 죽음에 다가가야 하는지에 관한 심오하면서도 구체적인 조언이 포함되어 있다. 그리고 그 조언들은 두 가지 진실에 기초하고 있다. 궁극적 차원에서는 어떤 일도 실제로 일어나는 게 아니라는 것, 그럼에도 불구하고 우리는 괴로움보다 행복을 경험하길 바란다는 것에 대한 두 가지 이해이다.

10
경향성

죽음 이후의 여정과 그다음에 이어지는 바르도 체험을 더 자세히 설명하기 전, 여기서 잠깐 우리의 마음과 감정 그리고 경향성을 어떻게 다루어야 하는지 먼저 언급하는 게 중요하다. 왜 그럴까? 이번 생의 바르도의 상승과 하강을 통과하는 여정에서 우리는 자신의 마음과 감정, 경향성을 다루는 방식을 죽음 이후에도 그대로 가져가기 때문이다.

어떤 이는 말한다. "그런 건 가져갈 수 없어요." 그러나 우리의 마음 상태와 감정 패턴에 관한 한, 우리는 반드시 죽음 이후에도 그것을 그대로 가져가게 된다. 우리의 생각과 감정이 우리가 세상을 경험하는 방식을 지금, 같은 방식으로, 아니 더 강렬하게 만들 듯이 생각과 감정은 죽음 이후에 처하게 될 환경도 창조한다. 천국을 경험하고 싶다면 당신의 생각과 감정을 다루어야 한다. 지옥을 피하고 싶다면 역시 당신의 생각과 감정을 다루어야 한다. 이와 같다. 따라서 다음 몇 장에 걸쳐 나는 우리의 습관적 패턴과 감정을 능숙하게 그리고 연민의 마음으로 다루는 법에 관한 몇 가지 수련 지침을 전할 것이다.

트룽파 린포체는 '무엇이 바르도를 통과해 가는가', 즉 바르도를 통과해 가는 주체는 무엇인가라는 질문에 활짝 미소를 지으며 이렇게 답했다. "당신의 모든 나쁜 습관이 바르도를 통과해 갑니다." 나는 그의 이 대답을 이런 의미로 받아들였다. 우리가 익숙해지지 못한 그리고 이번 생에서 포기해버린 모든 습관을 이번 생과 다음 생의 중간 상태에, 그리고 나중에는 미래 생의 가여운 아기에게 그대로 전하게 된다는 의미로 말이다.

나의 아들과 딸이 10대이던 1970년대, 우리 집 아이들과 아이들의 친구 하나를 16대 카르마파 성하에게 데려간 적이 있다. 당시 그는 내가 가장 존경하던 스승 중 한 사람이었다. 우리 집 아이들은 불교를 믿지 않았지만, 불교의 다르마에 늘 관심이 있었고 불교에 열성적인 엄마의 비위를 선뜻 맞춰주었다. 성하는 영어를 하지 못해 통역자를 통해 소통해야 했다. 나는 카르마파에게 아이들을 상대로 해줄 말씀이 있는지 여쭈었다. 그러자 성하는 불교에 관한 작은 가르침을 주었고 조금 뒤 가르침을 잠시 멈추었을 때,

나는 성하에게 불교인이 아닌 아이들에게 의미 있는 말씀을 한마디 해줄 수 있는지 정중히 물었다.

카르마파 성하는 덩치가 크고 경외감을 자아내는 분으로, 그때 우리는 그와 아주 가까이에 앉아 있었다. 그는 3명의 10대 아이들을 유심히 바라보더니 이렇게 말했다. "너희들은 죽게 될 거야." 그리고는 이런 말도 덧붙였다. "죽으면 아무것도 가져가지 못해. 하지만 가져가는 게 딱 하나 있어. 바로 너희들의 마음 상태란다."

앞서 트룽파 린포체가 한 말, 즉 '죽으면 우리는 자신의 나쁜 습관을 가져간다'는 말은 무엇이 바르도를 통과해 가는가라는 질문에 대한 상대적인 가르침이었다. 한편 '무엇도 바르도를 통과해 가지 않는다'는 켄 맥레오드의 대답은 절대적 관점에서 한 말이었다. 그런데 카르마파가 10대들에게 준 조금 전의 대답은 두 관점이 조금씩 섞여 있었다. 그렇다면 그가 말한 '마음 상태'라는 것은 정확히 무엇을 의미하는 것일까?

마음 상태라는 것이 고정적인 어떤 것을 가리키는 것처럼 보여도, 말했듯이 우리의 마음 상태는 조금도 멈춤 없이 변화하고 있다. 우리는 한 가지 마음 상태에서 다른 마음 상태로 끊임없이 옮겨가고 있다. 오직 이러한 마음의 흐름만이 존재한다고 말할 수 있다. 그러나 우리의 마음의 흐름은 아무렇게나 흘러가는 것이 아니라 일정한 경로를 거친다. 그 경로는 우리가 가진 습관, 성향, 경향성에 의해 결정된다. 이것은 어떤 의미인가?

업에 관한 붓다의 가르침이나 원인과 결과에 관한 붓다의 가르침에서 볼 때 우리가 하는 모든 행동과 말은, 심지어 생각까지도, 우리 마음에 일정한 자국을 남긴다. 우리가 어떤 한 가지 행동을 하면 다음에 그것을 다시 할 가능성이 커진다. 특정 상황에 특정한 방식으로 반응하면 다음번에 비슷한 상황에 닥쳤을 때 같은 방식으로 반응할 가능성이 커진다. 이것이 우리의 경향성이 만들어지는 방식이다. 그 결과, 우리는 대개 꽤 예측할 수 있는 방식으로 행동하고 반응하게 된다. 특정 상황에서 우리는 매우 너그럽다가도 또 다른 상황에서 우리는 자기방어적으로 된다. 또 어떤 상황에서 인내하다가도 다른 상황에서는 쉽게 짜증을 낸다. 어떤 상황에서 자신감이 넘치다가도 또 다른 상황에서는 불안해한다. 자신의 습관적 방식에 따라 반응하면서 그때마다 우리는 자신의 경향성을 그만큼 강화한다. 이것은 우리 뇌의 경로가 우리의 습관적 행동과 생각 패턴에 의해 강화됨을 보여주는 뇌과학의 발견과 일치한다.

당신이 자신의 일과 관련해 쉽게 스스로 부적절한 존재라고 느끼는 경향성을 지녔다고 하자. 당신이 두 명의 동료와 사무실에서 이야기를 나누는 중에 갑자기 상사가 불쑥 끼어들더니 이렇게 말한다. "여러분, 일을 이렇게 엉망으로 해놓고는 잡담이나 하고 있어요?" 실제로 상사는 세 사람 모두를 비난하고 있지만 당신은 그 비난이 자신을 향해 있다고 받아들인다. 당신은 그런 경향성을 매우 크게 가진 나머지 모든 것이 자기 잘못이라며 스스로 비참하다고 느낀다. 당신의 이런 경향성은 이미 오랜 역사를 지니고 있으며, 상사의 이번 지적은 당신에게 불리한 증거를 하나 더 추가한 것처럼 보인다. 이제 당신은 익숙한 스토리라인에 들어선다. "난 제대로 하는 게 하나도 없어. 무가치한 존재야. 희망이 안 보여. 언제나 일을 엉망으로 만들어." 당신은 자신을 루저라고 느낀다. 그리고 이 모든 생각의 이면에는 끔찍하게 불쾌한 감정이 자리 잡고 있다. 당신은 어떻게 해서라도 이 감정을 없애고 싶다.

이 각본에서, 당신은 자신이 겪고 있는 괴로움의 원인

이 상사의 지적이라고 여길지 모른다. 하지만 상사의 지적은 당신이 겪는 괴로움의 방아쇠를 당긴 여러 자극 중 하나일 뿐이다. 괴로움의 실제 원인은 당신이 기존에 가지고 있던 당신의 경향성이다. 여기서 당신에게 책임을 지우려는 것이 아님을 분명히 해야 한다. 당신을 포함한 세 사람 모두 상사의 지적이 의도가 삐딱하고 배려가 없다는 데 생각을 같이한다. 그러나 그와 동시에 지금 일어나는 일의 상황을 전체적으로 보는 게 중요하다. 자신이 부적절한 존재라고 느끼는 당신의 경향성은 지금까지 당신의 삶에서 반복적으로 일어난 주제였다. "일을 엉망으로 해놓았다"는 상사의 말은 일종의 방아쇠 작용을 했을 뿐이다. 당신의 경향성이 크게 발동하도록 만드는 적절한 조건이 된 것이다. 이것은 1년 중 대부분을 땅 아래 잠들어 있는 크로커스(튤립 같은 꽃이 피는 식물)의 땅속뿌리가 봄이 되어 적절한 원인과 조건이 갖춰지면 문득 화사한 꽃을 피워내는 것과 같다.

위 사례에서 나머지 두 사람은, 역시 그들이 가진 경향성 때문에 상사의 비난과 지적에도 첫 번째 사람과 완전히 다른 경험을 한다. 한 사람은 쉽게 분을 내며 행동을 취하는 경향성을 지녔다. 그는 노발대발하며 상사에게 대든다.

전단지를 뿌리고 사람들로부터 문제 해결을 위한 탄원서를 받는다. 또 한 사람은 상사의 비난에도 거기에 자극받아 방어적으로 대응하는 법이 결코 없는 사람이다. 그녀 역시 자신이 가진 경향성에 따라 행동하고 있다. 그녀는 불편한 업무 상황에 맞닥뜨리면 늘 평화 중재자로 행동한다. 그녀는 상사의 발언이 부적절함을 인정한 뒤 관련 당사자 모두가 갈등 해결을 위한 비폭력 대화 워크숍에 참석하도록 독려한다.

당시 카르마파가 우리 아이들에게 한 말을 돌아볼 때 그의 말은 이런 의미가 아니었을까 짐작한다. "너희들이 죽을 때 가져가는 것은 오직 너희가 지닌 경향성이야"라고 말이다. 직접적으로 말씀하시진 않았지만, 카르마파의 말의 이면에 담긴 중요한 메시지는 이런 것이 아니었을까. "그러니 지금 너희가 지닌 경향성을 잘 살펴야 해. 죽기 전 아직 시간이 있을 때 말이야."

우리는 이미 자신이 지닌 경향성 때문에 이번 생에서 곤란을 당한 경험을 아주 많이 가지고 있다. 나에게 이롭지 않은 사고 패턴과 자기 파괴적 감정 습관이 계속해서 우리를 힘들고 지치게 만든다. 우리가 가진 경향성은 내면에서 우리를 힘들게 할 뿐 아니라 외면적으로도 힘겨운 상황으로 표출된다. 어떤 사람은 늘 상사와 갈등을 빚는다. 아무리 자주 직장을 바꿔도 그는 늘 똑같은 성격의 불편한 상황에 부닥친다. 또 어떤 사람은 연인 관계의 친밀감에서 항상 문제를 겪는다. 어떤 상대와 데이트해도 친밀감이 생기지 않는다. 무대에 등장하는 배우가 바뀌고 영화 세트장이 바뀌어도 기본적인 각본은 똑같다. 이것은 우리의 경향성이 대본을 쓰는 작가이기 때문이다.

경향성의 또 다른 점은 저절로 멈추지 않는다는 것이다. 우리는 우리의 경향성이 예측하기 어렵게 불쑥 일어날 때 그것을 인지해야 한다. 그 경향성에 대해 지금까지와 다르게 대처하는 법을 자꾸 찾아야 한다. 그러지 않으면 그 경향성은 평생토록 우리를 따라다닐 것이다. 어쩌면 이번 생이 끝나고 난 뒤 바르도를 통과해 다음 생까지도 우리를 따라올지 모른다. 장면에 장면을 거듭해 똑같은 대본을 쓰는 작가처럼 말이다. 우리가 지닌 경향성은 바로 다음 순간, 다음 날, 다음 생, 그리고 이후에 올 모든 생에서 우리가 처하게 될 외면과 내면의 환경을 창조한다.

그런데 동전의 또 다른 면이 있다. 그것은 우리의 마음과 우리가 사는 세상이 아주 밀접하게 상호 연결되어 있다는 점이다. 그래서 우리의 마음 습관과 감정 습관을 바꾸면 우리가 겪는 외면 경험에도 커다란 영향이 나타나는 것을 종종 보게 된다. 기적처럼 보여도 가만히 생각해보면 아주 간단하고 단순한 원리다. 자주 질투하는 당신의 경향성을 다스릴 수 있다면 질투를 느낄 만한 사람이 당신 주변에 점점 적어질 것이다. 당신이 자신의 분노를 제어할 수 있다면 사람들은 당신을 화나도록 쉽게 만들지 못할 것이다.

그렇다면 어떻게 하면 우리가 가진 경향성을 잘 보살필 수 있을까? 우리가 지닌 경향성을 친절과 지혜로 알아보아야 한다. 그 경향성이 얼마나 강력한 영향을 미치는지 알아보는 동시에 그것을 적이나 원수로 삼지 않아야 한다. 나의 스승 중 한 사람인 촉니 린포체는 이것을 우리가 지닌 '아름다운 괴물'로 칭하면서 부드럽게 그것을 다루라고 조언했다. 우리가 지닌 경향성을 곧장 행동으로 옮기지도 말고, 그렇다고 무작정 억누르지도 말라는 것이다. 그러면서 그것을 있는 그대로 알아보고 그것과 친구가 되라고 했다. 특정한 사람과 사건이 우리가 지닌 고통스러운 감정을 촉발할 때, 우리는 감정의 방아쇠를 당긴 자극과 우리가 기존에 지닌 경향성을 구분해서 알아보아야 한다. 최대한 열린 자세로 자신에게 객관적으로 이렇게 물어야 한다. "내가 지금 당하고 있는 괴로움의 주된 원인은 무엇인가? 그것은 나의 상사인가, 아니면 내가 지닌 경향성 때문인가?" 이처럼 자신의 경향성에 가까이 다가가 친밀해질 때 그것이 느슨해지면서 힘이 약해지는 적절한 원인과 조건이 만들어진다.

가령 당신이 배우자와 꽤 오래 다투고 있는 상황에서 배우자가 다른 사람과 즐겁게 웃고 떠드는 모습을 보았다고 하자. 당신의 마음에 즉각적으로 고통스러운 질투심이 일어난다. 이때 당신은 술을 마시거나 배우자에게 비꼬는 말을 내뱉는 등 마음에 일어난 질투심에 대해 예의 습관적인 반응을 보일 수 있다. 그러나 이때 당신은 자신에게 이렇게 질문할 수도 있다. "내가 지금 겪고 있는 고통의 원인은 무엇이지? 배우자가 다른 사람과 웃고 떠드는 모습일까? 아니면 쉽게 질투하는 나의 경향성일까?" 그런 다음 당신의 몸을 살피면서 당신이 지닌 경향성과 만날 수 있다. 내가 지닌 질투 경향성이 지금 내 몸에서 어떻게 느껴지는지 알아보는 것이다. 그것은 꽉 조이는 느낌인가 아니면 느슨한 느낌인가? 그것에 온도나 색깔이 있는가? 그것이 지닌 특별한 성질은 무엇인가? 등등. 당신의 질투심이 지닌 불쾌한 느낌을 마음챙김과 부드러움으로 가만히 들여다보면 그에 관해 많은 것을 배울 수 있다. 어쩌면 당신의 질투심에 일정한 패턴이 있음을 발견할지도 모른다. 당신의 삶에서 질투심이 자주 일어난다는 사실, 그리고 그때마다 당신이 상황을 엉망으로 만들고 만다는 걸 볼 수도 있다. 이렇게 할 때 당신은 자신이 지닌 경향성이 선함이나 악함과 무관하게, 끊임없이 흐르고 있는 감각에 불과함을 알게 될 것이다.

이 과정에서 당신이 뭔가를 알았더라도 자신에게 도움이 되지 않는 방향으로 나아갈 가능성도 있다. 당신은 마치 당신에게 별로 의미 없는 주제의 그리 중요하지 않은 사실을 안 것처럼, 조금 전의 자기성찰로 조금도 달라지지 않은 채 평소처럼 행동할 수도 있다. 더 나쁜 경우, 당신은 자신에 관한 이러한 앎을 가지고 자신을 마구 두들겨 팰지도 모른다. "이런 몹쓸 경향성이 가진 나란 인간, 참 형편없는 놈이군. 이런 행동은 참 당황스럽지만 어쩌겠어. 평생 질투를 느끼며 사는 수밖에. 그게 내 운명인걸"하고 말이다.

그러나 이런 선택 중 어느 것도 당신의 '아름다운 괴물'과 친구가 되는 데 도움이 되지 않는다. 이런 선택을 내릴 때 우리는 계속해서 같은 방식으로 생각하고 행동할 것이며 이것은 우리가 지닌 경향성을 더 강화하고 우리 자신을 불필요하게 더 비참하게 만들 것이다. 이것은 정원에서 발견한 안 좋은 씨앗에 물과 비료를 주어 더 자라게 하는 것과 같다.

이때 우리에게 가장 바람직한 방법은 지금 자신에게 일어나는 일을 객관적으로 보면서 그로부터 배움을 얻는 것이다. 그 배움을 통해 앞으로 어떻게 나아가야 하는지 분명히 볼 수 있다. 우리가 가진 경향성을 이런 식으로 일상생활 속에서 다룰 때 그것은 우리가 죽음에 임해서도 반드시 도움이 될 것이다. 사람들은 죽기 전에, 실제로 죽을 때, 그리고 죽음 이후에도 여러 가지 강렬한 감정을 경험하는데, 이 감정을 어떻게 대할 것인가는 매우 중요한 문제이다.

11
당신이 느끼는 것을 느끼라

"죽음은 그대의 적인가 친구인가?
그대여, 그것은 그대에게 달렸다네."

샌프란시스코의 어느 벽에 적힌 이 구절을 보고 나는 마음이 탁 멎었다. 물론 늙음, 병, 죽음이 우리의 친구가 될 것인가, 적이 될 것인가의 문제는 온전히 우리 자신의 몫이다. 그것은 우리의 마음이 어떤 상태인가에 전적으로 달린 일이다. 이는 자기감정을 어떻게 다루느냐와도 꽤 많이 관련되는 문제이다. 지금 당신은 자신의 감정을 어떻게 다루고 있는가? 이것은 한 번 들여다볼 필요가 있는 주제이다. 우리는 자신의 감정을 어떻게 다뤄야 하는지 알아야 한다. 우리가 경험하게 될 변화와 간극을 지나 앞으로 나아가는 데 도움 되는 균형과 평정이란 마음의 자질을 발견하는 열쇠이기 때문이다.

　인기 있는 불교 텍스트 중 하나인 『마음 훈련의 일곱

가지 요체 (The Seven Points of Mind Training)』에 나오는 유명한 구절 중에 "모든 책임은 오직 한 가지에 있다(Drive all blames into one)"라는 것이 있다. 처음 이 구절을 들었을 때 나는 기본적으로 이렇게 이해했다. 외부 환경이 우리를 자극하고 우리에게 고통을 일으키는 것처럼 보여도 사실 그 책임은 언제나 에고(자아)에 대한 우리의 집착에 있다고 말이다. 그렇지만 나는 오랫동안 이 가르침을 나라는 개인에게 적용하기 어렵다는 걸 알았다. 무엇보다 '에고에 대한 집착'이 어떤 의미인지 분명하게 다가오지 않았다. 추상적인 개념으로 들렸으며, 나의 개인적 체험과 어떻게 연관 지어 이해해야 하는지 몰랐다. 나는 '책임'이라는 관점도 불편했다. 나 자신을 비난해야 한다는 말로 들렸는데 아닌 게 아니라 그때까지 나는 어떻게든 줄곧 나 자신을 비난하고 있었으니 말이다. 나는 그 가르침의 진의가 이런 것이 아니라는 걸 알았지만, 달리 어떻게 해석해야 할지 알지 못했다.

그러던 중 지가 콩트룰 린포체의 법문 중에 '스스로 불편을 느끼는 성향'이라는 표현을 듣게 되었다. 이 표현이 나에게 콕 와 닿았다. 린포체는 '모든 책임은 오직 한 가지에 있다'라는 말을 직접 하지는 않았지만, 나는 이 구절이 경향성에 관한 가르침이라는 것을 이해할 수 있었다. 에고에 대한 집착이라는 표현은 추상적이고 개념적이지만 에고에 대한 집착, 즉 우리가 지닌 경향성을 체험하는 것은 내가 매일 하는 일이었다. 나는 그것을 직접적으로 알고 있었다. 그 구절은 나의 경향성, 나의 '아름다운 괴물'을 내가 느끼는 '불필요한 불행의 원인'으로 인식하라는 가르침이었다.

다르마에서는 불편, 불안, 혼란 등 경험이 모두 '클레샤(klesha)'라는 우리의 번뇌에 그 뿌리가 있다고 말한다. 이 산스크리트 단어는 우리에게 '해를 입히는 감정' 또는 '고통을 일으키는 감정'이라는 뜻이다. 세 가지의 주요한 번뇌가 있는데 탐욕과 공격성, 어리석음이 그것이다. 탐욕과 공격성이라는 두 가지 번뇌는 별로 설명이 필요하지 않다. 탐욕은 그것이 중독이나 집착이 될 때 우리에게 해를 입히는 감정이 된다. 언젠가 아시아에서 파는 사탕을 받은 적이 있는데 상표명이 'Baby Want-Want(아기가 원하고 또 원하는 것)'였다. 상표명은 탐욕을 아주 잘 말해주고 있다고 생각한다. 우리는 우리에게 기쁨과 안락함을 가져다줄 것으로 생각하는 어떤 것을 소유하고 지키는 데 집착한다. 공격성은 이와 반대이다. 우리는 자기 행복에 위협이 된다고 생각하면 그것을 없애고 싶어 한다. 한편, 어리석음이라는 파괴적 감정은 이보다 조금 더 이해하기가 어렵다. 그것은 실제로는 더 깊은 차원의 고통을 담고 있는 무덤덤하고 무심한 마음 상태를 가리킨다. 어리석음은 실재와 접촉하지 않는 것, 정신적으로 무기력한 것, 자신이 무엇을 느끼고 타인이 무엇을 경험하는지 신경 쓰지 않는 것으로 드러난다. 이런 마음 상태가 우리를 지배하면 우울함에 빠질 수 있다.

이 세 가지 번뇌를 흔히 삼독(三毒)이라고 하는데 아남 툽텐이 말하듯 우리의 행복을 죽이는 독이 되기 때문이다. 이것은 종종 두 가지 방식으로 일어난다. 우선 분노와 중독, 우울, 질투 등의 감정을 경험할 때 우리는 괴롭다. 다음으로 이런 감정들이 일으키는 해로운 행동의 결과로 계속해서 괴로움을 겪는다.

당신은 살면서 이 세 가지 마음의 독이 일어날 때마다 불행하다고 느끼는 것을 익히 경험했을 것이다. 그렇다면 어떻게 삼독이 당신의 행복을 죽이는 것일까? 붓다의 가르침에 따르면 우리를 힘들게 하는 것은 일어난 감정 자체가 아니다. 감정은 우리가 그에 맞서 싸우기 전, 그리고 우리의 사고 과정이 개입하기 전의 원재료로서 감각 또는 일종의 에너지 형태에 지나지 않는다. 그 자체로 감정은 나쁜 것도 좋은 것도 아니다. 이것을 기억하는 것이 중요하다. 가령, 공격성이 지닌 파괴적인 측면은 공격성이라는 감각 자체가 아니라 우리가 그 감각을 거부하는 것, 그리고 그에 따른 반응으로 우리가 취하는 행동에 있다. 따라서 우리의 행복을 죽이는 주범은 감정이 지닌 기본적인 에너지가 아니라, 불교 지도자 샤론 샐즈버그의 표현에 따르면, 그 에너지에서 파생된 '부가물'이다.

번뇌의 에너지가 일어날 때 우리가 흔히 보이는 몇 가지 반응이 있다. 그중 하나가 몸이나 말을 통해 감정 에너지를 겉으로 터뜨리는 것이다. 또 다른 방식은 감정을 억누르거나 무감각해지는 것이다. 가령 넷플릭스에 빠져드는 등 우리의 관심을 감정이 아닌 다른 곳으로 돌리는 방식이다. 또 하나 우리가 흔히 보이는 반응은 마음속에서 비난과 관련된 자기 이야기에 스스로 빠지는 것이다. 이 반응들은 모두 감정 에너지가 일으키는 불편함을 참지 못해 일어난다. 이 감정 에너지를 불편하게 여기는 경향성을 지니고 있기에, 우리는 불편함을 일으킨 주범을 없애는 방식으로 벗어나고자 한다. 그런데 이 방법은 나쁜 소식을 가지고 온 전령을 폭군이 죽여버리는 것과 같다. 폭군은 전령이 가져온 메시지를 찬찬히 살펴야 함에도 그러지 않는다. 이런 반응을 일으킨다면 우리에게 고통을 일으키는 습관을 장기적으로 더 강화하고 우리의 비참함을 더 지속시키는 꼴이 된다. 어쨌거나 이것은 실제로 터득하기 어려운 교훈이다.

그러나 모든 사람이 이런 습관을 지니고 있다. 이렇게 반응한다고 해서 자신과 타인을 비난할 필요는 없다. 자신과 타인을 비난하거나 무력하다고 느끼는 대신에 우리는 감정을 건설적으로 다루는, 오랜 시간에 걸쳐 검증된 방법을 사용할 수 있다. 우주 만물과 마찬가지로 번뇌와 그에 대한 우리의 반응도 영원하지 않으며 고정된 실체도 없다. 이 점에서 우리는 자신의 습관도 바꿀 수 있다.

일반적으로 감정에 대한 알아차림이 없을 때 감정의 힘이 강해진다. 따라서 일어난 감정에 알아차림을 가져가는 것이야말로 마법의 열쇠다. 자신에게 무슨 일이 일어나고 있는지 알아차릴 때 그 일은 우리를 비참하게 만드는 힘을 잃는다.

감정을 다루는 모든 방법에서 첫 번째 단계는 지금 자

신에게 일어나고 있는 일을 단순하게 인지하는 것이다. 번뇌의 속성 중 하나는 그것이 우리가 모르게 일어나는 경향이 있다는 점이다. 번뇌를 알아보았을 때는 이미 그것이 가진 힘이 너무 커진 상태이다. 감정의 불이 막 붙기 시작하는 '장작불 단계'에서 우리는 그것을 알지 못한다. 그러다 탄 냄새가 나거나 불의 뜨거운 열기를 느끼고 나서야 그것을 안다. 그때가 되면 이미 너무 늦다. 이미 말과 행동으로 터뜨리고 말았기 때문이다. 우리는 이미 거기에 푹 빠져들었다.

번뇌의 생명 주기를 잘 보여주는 흔한 사례 하나를 보자. 당신은 당신이 불편해하는 누군가와 복도에서 마주친다. 어깨가 살짝 긴장되면서 가슴이 턱 막히는 것 같다. 이것은 아직 장작불 단계다. 다음으로는 당신이 익히 알듯이, 그 사람에 관한 판단과 평가, 좋지 않은 생각들이 마구 떠오른다. 이것은 장작난로의 통나무에 불이 붙기 시작하는 단계다. 이제 장작불 단계보다 훨씬 뜨거운 열기가 올라온다. 하지만 아직 난로는 그 열기를 견딜 수 있다. 그런데 당신은 이 단계조차 알아보지 못한 채 지나갈 수 있다. 이제 당신은 의식하지 못한 채 자신의 이야기 줄거리를 계속해서 무의식적으로 늘려간다. 이것은 불이 붙은 장작에 석유를 끼얹는 격이다. 결국 난로는 열기를 감당하지 못하고, 급기야 화마로 커진 열기는 집을 통째로 삼켜버린다. 이 시점에 이르면 당신과 그 밖의 모든 사람이 그것을 알아본다. 이제 피할 수 없는 커다란 고통을 막기엔 너무 늦었다. 자신과 상대에게 해를 주는 문자 메시지의 '보내기' 버튼을 이미 눌러버린 것과 같다. 보낸 메시지를 다시 주워 담을 수는 없다.

그런데 이때조차도 상황을 더 낫게 또는 더 악화시키는 방법이 있다. 모든 순간에, 그리고 모든 바르도의 체험에서 우리는 이 두 가지의 기본적인 선택권을 가지고 있다. 우리는 우리가 겪는 비극을 더 키울 수도 있고 줄일 수도 있다. 무익한 습관이 가진 힘을 더 강화할 수도 있고 그것을 약하게 만들 수도 있다. 자신에게 일어나고 있는 일을 의식적으로 자각함으로써 우리는 장작불 단계나 장작난로 단계에서 불을 꺼뜨릴 수 있고, 그렇게 해서 자신과 타인이 겪는 슬픔을 크게 덜 수 있다.

규칙적인 명상 수련은 우리 마음에 일어나는 일을 더 잘 알아차리게 한다. 명상 수련을 통해 우리는 일상생활을 하면서 사람들과 교류하느라 알아보지 못한 채 지나치는 마음의 밑바닥 흐름을 더 잘 알아차릴 수 있다. 명상하면 장작불처럼 이제 막 타오르기 시작하는 우리의 생각과 미세한 감정을 쉽게 알아챌 수 있다. 만약 이것을 알아보지 못한 채 놓아두면 점점 커져 그것을 알아차렸을 때는 이미 너무 늦을 것이다.

번뇌가 일어나는 것을 의식했다면, 다음 단계는 그것을 느끼도록 자신에게 허용하는 것이다. 지금 느끼고 있는 것을 느끼게 하는 것이다. 아주 간단한 것 같지만 많은 사람에게 이것은 절대 쉽지 않은 일이다. 어떤 사람은 트라우마 때문에, 자기가 지금 느끼고 있는 것을 있는 그대로 느끼는 것을 힘들어한다. 또 누구나 어떤 이유에서든 자신이 직면하기 싫어하는 특정한 감정이 있다. 그러나 다르마의 다른 모든 가르침과 마찬가지로, 당신이 지금 느끼고 있는 것을 느끼는 작업은 일종의 '수행'이다. 훈련하는 방법이 있으며, 그것을 점진적 과정으로 만드는 방법이 존재한다는 의미다.

우선 신체감각에서 시작해보자. 신체감각은 상대적으로 직접적인 시작 시점, 적절한 시작 시점을 우리에게 제공한다. 당신의 몸은 지금 어떻게 느끼고 있나? 자기 몸과 접촉하지 못할 때 번뇌는 걷잡을 수 없이 커지는 기회를 얻는다. 반면 자기 몸에 현존하고 있을 때는 마음과 접촉하기도 더 수월해진다. 그러므로 지금 당신의 몸이 어떻게 느끼고 있는지 관찰하라. 통증과 아픔과 가려움이 느껴지는지, 열기와 차가움 등의 감각이 일어나는지, 긴장되거나 편안한 신체 부위가 없는지 살펴보라.

이제 당신의 마음을 살펴보라. 산만한 상태인가 안정된 상태인가? 지금 당신은 어떤 기분인가? 어떤 감정이 일어나고 있음을 보는가? 여기서 판단이나 평가보다는 호기심과 열린 마음의 태도가 중요하다. 당신이 지금 느끼는 것을 있는 그대로 느끼도록 허용하라. 그러면 당신의 마음에 여러 가지 것이 올라온다. 고통스러운 기억이 떠오를 수도 있고, 지극히 불쾌한 감정이 일어날 수도 있다. 그러나 이것은 충분히 예상할 수 있는 일로서 이것 자체가 문제는 아니다. 너무 세게 밀어붙여 이것을 당신의 인내심을 시험하는 장으로 만들 필요는 없다. 마음 훈련의 과정은 지금 당신의 마음에 일어나는 일을 최대한 받아들이는 분위기에서 진행되어야 한다.

감정이 당신을 꽉 붙잡고 놓아주지 않을 때 어떻게 해야 하는지 알려면 다음 세 단어를 기억하는 것이 좋다. 몸에 머물기, 현존하기, 친절하기. 먼저 지금 당신의 몸속으로 들어간 다음, 자신이 있는 장소에 주의를 향한다. 그리고 자신을 친절하게 대한다. 감정이 북받쳐 오를 때 이 세 단어를 기억하면 감정이 주는 영향을 줄일 수 있다. 여기서 핵심 가르침은 의식하는 상태를 지속적으로 유지하는 것이다. 촉니 린포체가 말했듯이 "어느 정도의 불편함을 기꺼이 느낄 수 있어야 한다." 결국 이것은 삶과 죽음 모두를 위한 훈련이다. 삶과 죽음 모두 고통이 없지 않다.

지금 내가 느끼고 있는 것을 느끼도록 허용할 때마다 나는 나 자신을 참을성 있게 대하면서 더 너그러워졌다. 그렇게 허용할 때마다 그 느낌에 조금 더 편히 머물 수 있음을 알았다. 번뇌는 우리에게 괴로움을 일으키지만, 번뇌의 에너지 자체는 무한한 창조력의 원천이다. 그것은 전류와 같다. 번뇌는 제거해야 하는 무엇이 아니다. 핵심은 번뇌의 에너지를 행동으로 표출하거나 속으로 억누르지 않으면서 그 에너지에 현존하는 것, 그 에너지와 함께하는 것이다. 이렇게 하면, 아니 이렇게 하는 법을 배우면, 당신은 놀라운 것을 알게 될 것이다. 그때 우리는 번뇌의 기본적인 에너지에서 집착과 고착으로부터 자유로운 지혜, 집착이 없고 자아와 무관한 지혜를 발견하게 될 것이다.

1970년대에 난 번뇌로 산산이 찢긴 적이 있다. 나는 그때 만난 거의 모든 영적 스승으로부터 감정을 초월하라는 말을 들었다. 그들은 감정을 뛰어넘어 빛을 향해 나아가라고 했다. 그러나 다행인지 몰라도 나는 감정을 초월하는 방법을 몰랐다. 어떻게 해야 내 감정을 뛰어넘을 수 있는지 알지 못했다. 폭풍과도 같은 격정의 감정을 모두 뛰어넘어 유유히 떠나고 싶었지만 그렇게 할 수 없었다. 그러다 트룽파 린포체의 가르침을 접했다. 그는 반대로 번뇌의 에너지에 다가가라고 가르쳤다. 그리고 그 가르침이 나의 삶을 바꿔놓았다.

12

용기를 향해 나아가는 첫 번째 단계:
자동 반응을 멈추라

태어나 죽는 날까지 우리는 길 위의 명상가로서 이번 생의 바르도 속에서 여행하고 있다. 그렇다면 어떻게 하면 우리가 이번 생과 우리의 죽음이 깊은 의미를 갖도록 그것을 사용할 수 있을까? 1926년에 사망한 위대한 영적 스승 셸첸 갈체프(Shechen Gyaltsap)는 이렇게 말했다. "빠르게 지나가는 환영의 구름 한가운데서도 생명의 불꽃이 춤추고 있다. 당장 내일 당신이 죽지 않는다고 장담할 수 있는가? 그러니 다르마를 실행하라."

다르마를 실행한다는 것은 다르마의 가르침을 숙고하는 것만이 아니다. 우리가 알고 이해한 것을 우리의 일상에 적용하는 일까지 포함한다. 내가 처음 불교에 끌렸던 이유 중 하나도 불교에는 우리가 더 행복하고 의미 있는 삶을 살수 있게 하는 실제적인 방법이 있었기 때문이다. 불교에는 우리의 불만족과 고통을 일으키는 게 무엇인지, 어떻게 하면 우리가 괴로움에서 벗어날 수 있는지 그 방법에 관한 지침이 담겨 있었다. 실제로 괴로움의 원인과 괴로움에서 벗어나는 방법이야말로 붓다가 전한 가르침의 목적이었다.

우리가 불행하다고 느끼는 진짜 이유는 우리의 바깥이 아니라 우리 내면에 있다. 우리의 하루를 망치는 주범은 우리를 지켜보는 감독관이나 우리가 응당 받아야 하는 천벌 때문이 아니다. 그것은 바로 우리가 가진 내면의 경향성과 부정적 감정 때문이다. 누누이 강조하는 가르침이지만, 번뇌라는 독이 우리 마음에 남아 있는 한, 우리는 세상 어디에 살아도 행복할 수 없다.

붓다는 번뇌를 다스리는 주요한 방법을 세 가지로 가르쳤다. 나는 이것을 '용기를 향해 나아가는 세 단계'로 받아들인다. 붓다는 이 세 단계를 미묘함과 심오함이 점차 커지는 순서대로 제시했다. 첫 번째 방법은 우리가 평소에 하는 자동 반응을 멈추는 것이다. 자동 반응을 멈추라는 것은 우리의 감정에 부정적인 면이 존재한다는 생각에 바탕을 두고 있다. 우리는 지금 상황을 더 악화시키지 않기 위해 할 수 있는 것을 해야 한다. 두 번째 방법은 번뇌를 사랑과 연민으로 바꾸는 것이다. 이로써 자신의 감정을 바라보는 긍정적인 관점을 갖는다. 다시 말해, 바른 방법으로 사용하는 감정은 우리에게 해가 아니라 이로움을 가져온다는 것이다. 세 번째 방법은 우리가 느끼는 감정을 깨어남을 이루는 직접적인 방법으로 사용하는 것이다. 이때 우리는 좋음과 나쁨이라는 이중성을 초월해, 그 감정이 있는 그대로 존재하도록 허용한다.

그런데 나는 자동 반응을 멈추라는 가르침이 사람들에게 별로 인기가 없다는 것을 알았다. 한 번은 내가 이 주제를 이야기하던 중 오랜 친구 하나가 손을 들더니 크게 흥분하며 말했다. "당신은 이렇게 가르쳐서는 안 돼요. 이건 우리가 느끼는 감정에 뚜껑을 닫아 막아버리는 것과 같소. 트룽파 린포체라면 절대 이렇게 가르치지 않았을 거요."

실제로 나는 이 가르침을 트룽파 린포체로부터 받았다. 이 사실을 차치하고라도, 내가 그때 깨달은 것은 자동 반응을 멈추라는 가르침을 보다 긍정적인 관점에서 제시할 필요가 있다는 것이었다. 즉, 그것을 우리의 감정에 깃든 지혜에 다가가는 중요한 단계로 제시할 필요가 있었다. 우리가 느끼는 감정을 깨어남에 이르는 직접적인 길로 경험하는 필수적 단계로 제시하는 것이다.

함께 수행하는 친구는 내게 이런 말을 자주 했다. "배고프고(Hungry) 화가 나고(Angry) 외롭고(Lonely) 지칠 때면(Tired) 멈춰(H-A-L-T)"라고 말이다. 이것은 자동 반응을 멈추는 것에 관한 지침과 다르지 않다. 자신이 지금 느끼고 있는 느낌을 비난하고 판단하며 회피하는 오랜 습관적 패턴으로 치닫거나 그리로 돌아가는 대신, 거기에 널따란 공간을 허용할 수 있다. 이렇게 우리는 자동 반응의 속도를 늦춘다.

내가 자동 반응을 멈추는 수련을 가르칠 때 사람들은 앞에 말한 친구가 던진 것과 비슷한 질문을 하고는 한다. 그들은 내가 자신들의 문제를 숨기거나 그로부터 도망가도록 부추기지 않는다는 것을 확인하고 싶었던 것일까. 누구나 반사적으로 행동하고 말하는 데 익숙해 있으므로 말과 행동으로 즉각 반응하지 않으면 직면해야 하는 문제를 회피하는 것이라고 느끼는 것 같다.

그러나 이때 '입을 닫고 있으라'는 가르침의 핵심은 문제 상황을 회피하거나 그로부터 도망가라는 것이 아니다. 여기서 핵심은 지금 자신이 느끼는 감정을 있는 그대로 느끼면서, 머릿속에 돌아가는 이야기 줄거리를 멈추는 시간을 자신에게 주는 것이다. 어떻게 보느냐에 따라 모든 것이 달라질 수 있다. 자동 반응을 멈추라는 가르침을, 입을 닫고 행동을 막는 도구로 여긴다면 실제로 그렇게 되기 쉽다. 그러나 마음을 열고 지금 일어나는 어떤 일이든 일어나도록 허용하는 방법으로서 이 가르침에 다가간다면 이 수련은 우리에게 큰 도움이 될 수 있다.

족첸 폰로프 린포체는 『감정 구조(Emotional Rescue)』라는 책에서 이것을 '마음챙김의 틈'이라고 불렀다. 뒤로 한걸음 물러나, 지금 일어나는 일에 더 현존하며 깨어 있는 것을 말한다. 이때 우리는 공간을 마련한다. 먼저 몸에 존재한 다음, 지금 일어나는 일에 현존하며, 자신을 친절히 대하는 마음챙김의 공간을 마련하는 것이다.

번뇌의 에너지는 무척 강해서 그것을 익숙하게 아는 데는 시간과 노력이 필요하다. 자동 반사적인 말과 행동을 멈추는 것은 곧 감정이 지닌 변화의 에너지에 익숙해지는 일이다. 변화의 에너지에 익숙해지려면 인내심을 갖고 기다려야 한다. 오랜 친구를 더 깊이 알아가는 것과 비슷하다. 친구가 지닌 에너지가 우리를 불편하게 할 때도 있지만 좋을 때나 나쁠 때나 친구와 붙어 지내는 것은 우리가 그를 좋아하기 때문이다.

번뇌가 지닌 강력한 에너지에 더 편안해지려면, 이것을 자신의 무익하고 낡은 습관적 패턴을 정화하는 과정으로 보면 좋다. 우리의 마음은 반복되는 패턴에 쉽게 빠지는 경향이 있어서 새로운 경험이라도 늘 자신이 갖고 있던 예측 가능한 방식으로 반응한다. 그리고 그것이 계속되다 보면 오래된 습관은 더욱 힘을 키운다. 그렇지만 마음챙김의 틈을 마련할 수 있다면, 우리는 평소처럼 반응하지 않고 그 경험이 우리를 통과해서 그저 지나가도록 놓아둘 수 있다. 이러면 우리의 오랜 습관은 점차 힘을 잃는다. 이 과정을 충분히 자주 반복한다면, 마침내 카르마(업)의 패턴은 그 힘이 완전히 빠져 다시는 돌아오지 않을 것이다.

내 경험상, 자동 반응을 일으키기 전에 마음챙김의 공간을 마련하는 것은 마법과도 같은 힘을 발휘했다. 나에게 이것은 나 자신과 친구가 되는 과정이자, 무엇이든 분명하게 보면서 지금까지와 다르게 방향을 잡아나가는 과정이다. 자동 반응을 멈추는 마음챙김의 틈이 없다면 우리는 낡은 패턴에 계속 붙들려 있게 될 것이다. 그러면서 이렇게 생각할 것이다. "어쩌다 내가 이 지경이 되었지?"

일단 멈추고 자동 반응을 그치는 수련은 우리가 지닌 번 뇌를 다루는 데 있어 가장 기본적인 방법이다. 일어나는 감정에 대해 말도 하지 말고, 행동도 하지 말며, 그저 지금 느끼고 있는 것과 접촉하라. 이것은 우리에게 가장 우선으로 필요한 방법이다. 왜냐하면 우리가 머릿속에서 계속해서 이야기를 지어내고 행동으로 그것을 표출하는 식으로 반응하는 한, 나머지 두 가지 수련을 실천할 수 있는 마음의 공간도 가질 수 없기 때문이다. 나머지 두 가지 수련은

자신에게 일어나는 감정을 변화시키는 수련, 그리고

감정을 깨어남에 이르는 직접적인 길로 활용하는 수련을 말한다. 흔히 사람들은 자동 반응을 멈추는 첫 번째 단계를 밟지 않으려 하는데, 그러나 그것은 나중에 역효과를 부른다. 켄 맥레오드는 『은빛 강에 관한 성찰(Reflections on Silver River)』에서 이렇게 말했다.

"당신 안에서 일어나고 있는 일을 경험한다는 것은 상상하기 싫은 정도로 무서울 수 있습니다. 하지만 벗어나려면 그것을 직접 경험하는 것 외에 다른 방법은 없습니다."

13

용기를 향해 나아가는 두 번째 단계:
번뇌를 대하는 긍정적 태도

『마음 훈련의 일곱 가지 요체(The Seven Points of Mind Training)』
에는 용기를 향해 나아가는 두 번째 단계에 관한 간결하고
함축적인 슬로건이 나와 있다. "세 가지 대상, 세 가지 독약,
세 가지 공덕의 씨앗"이 그것이다. 여기서 '세 가지 대상'이
란 세 가지 범주를 가리키는 말로 우리가 좋아하는 대상,
싫어하는 대상, 특별한 감정을 갖지 않는 무덤덤한 대상을
말한다. 그리고 '세 가지 독약'이란 이 세 가지 대상을 접했
을 때 우리가 각각 일으키는 갈애와 공격성, 무지를 말한
다. 또 '세 가지 공덕의 씨앗'이란 이 세 가지 독약조차 활용
할 가치가 있다는 점을 시사한다.

지구상의 거의 모든 사람이 하루도 쉬지 않고, 조금도
그치지 않고 이 세 가지 독약을 경험하고 있다. 어떤 사람
은 갈애에, 어떤 사람은 공격성에, 또 어떤 사람은 무지에
더 많이 휩싸여 있다는 점이 다를 뿐이다. 우리 모두 이 독

약 때문에, 이 독약에 대한 우리의 자동 반응 때문에, 그리고 그 자동 반응이 일으키는 결과 때문에 고통을 받고 있다. 그런데 번뇌는 우리가 분리의 환영을 지녔을 때 일어나는 피할 수 없는 결과이다. 트룽파 린포체는 자신의 글에서 이렇게 말했다.

"우주의 거대한 거울로부터
시작도 끝도 없이,
인간 세상이 나타났네.
그때, 벗어남과 혼란이 일어났네."

우주의 거대한 거울, 열려 있고 편견 없는 바탕으로부터 우리는 자신을 그 바탕의 일부로 인식하기도 하고 우주에서 분리된 존재로 경험하기도 한다. 분리의 느낌이 일어나는 때 '나'와 '너'가 생기고 '나에게 유리한 것'과 '불리한 것'이 생겨난다. 그리고 '이렇게 되어야 하는 것'과 '이렇게 되어서 안 되는 것'이 생겨난다. 그리고 그때부터 번뇌가 일어난다. 번뇌의 본성은 기본 바탕에서는 언제나 같다. 다만 이 사실을 알지 못하면 커다란 고통이 일어난다.

번뇌의 에너지가 좋은 것도 나쁜 것도 아니라면 우리는 왜 번뇌의 에너지에 그토록 붙들려 있는 것일까? 그것은 우리의 생각 때문이다. 번뇌를 '좋은 것'으로 만들기도 하고 '나쁜 것'으로 만들기도 하는 주범은 우리가 가진 생각이다. 우리는 번뇌 에너지를 다루기 힘든 것으로 여기고는 그로부터 도망치려는 일반적인 경향이 있다. 그것도 해로운 방식으로 말이다. 이것이 번뇌에 대해 일으키는 반응 속도를 늦추어 마음챙김의 틈을 마련해야 하는 이유다.

감정을 변화시키는 수련에서 우리는 우선 마음챙김의 틈을 마련한 다음 거기서 한 단계 더 나아간다. 자기 생각을 의도적으로 활용해 번뇌에 긍정적인 방향을 부여하는 것이다. 이때 우리는 대개 감정이 주는 고통스러움을 피하며 살아가는데, 이제부터는 감정에 담긴 고통스러움을 이용해 타인과 연결해 본다.

바로 지금 우리가 겪고 있는 무엇이든 다른 사람도 그것을 똑같이 겪으며 살아가고 있다고 생각해 본다. 나의 마음을 불편하게 하는 것이면 수많은 다른 사람들의 마음도 분명 불편하게 할 것이다. 수없이 많은 사람이 자신의 감정 때문에 힘들어하고 있으며, 스스로 머릿속에 지어낸 이야기에 꼼짝없이 붙들려 있다. 게다가 그들은 쉽게 폭발하며 해로운 방식으로 반응한다. 이러한 혼란, 불안, 괴로움은 다양한 방식으로 일어난다. 그것이 지닌 맛도 각양각색이다. 그런데 그것은 결코 '나만이 겪는' 고통이 아니다. 내가 느끼는 것은 무엇이든 모든 사람이 느낀다. 내가 분노와 접촉할 때 모든 존재가 느끼는 분노를 알게 된다. 내가 끝도 없이 원하는 집착과 만날 때 그것이 모든 존재가 가진 갈애라는 것을 안다. 내가 느끼는 모든 느낌은 우리 누구나가 느끼는 보편적인 느낌이다. 이런 의미에서 우리 모두 한배를 탔다고 할 수 있다.

혼란스러움과 불안, 괴로움을 느낄 때면 우리는 자신의 불편함에 휩싸인 나머지, 다른 사람들과의 연결이 끊어진다. 이때 우리는 누구도 우리와 똑같이 초조함, 우울, 불안을 느끼고 싶어 하지 않는다는 명백한 사실을 미처 보지 못한다. 누구도 자기 자신의 고통에 무관심할 수 없다. 우리는 경험으로, 그리고 우리가 관찰하는 모든 것에서 이 사실을 알고 있다. 이처럼 본질적인 면에서 보자면 모든 사람이 우리와 같다. 그것은 지금도 그렇고, 시간이 지나도 마찬가지다. 우리는 모두 어떤 형태의 고통에서도 자유로워지고 싶어 한다. 우리는 누구나 지구에 살아가는 동안 즐거운 시간을 갖고 싶어 한다. 그 시간을 부담으로 경험하고 싶어 하지 않는다.

감정을 변화시키라는 가르침은 우리가 느끼는 감정적 고통을 타인에게 가슴을 여는 출발점으로 삼도록 제안한다. 우리 스스로 괴로움을 겪어보지 않으면 다른 사람이 경험하고 있는 것에 대해 추상적인 관념밖에 가질 수 없다. 그러므로 갈애가 우리를 끌어당길 때나 분노의 불길에 휩싸일 때, 그리고 멍한 무지의 상태에 이끌릴 때 이 감정들에 대해 싫어하는 마음을 내기보다 타인의 경험에 대한 통찰을 키우는 기회로 삼을 수 있다. 이런 감정들은 우리가 인간 보편에 대한 공감을 키울 수 있게 한다. 이렇게 해서 세 가지 대상과 세 가지 독약은 세 가지 공덕의 씨앗으로 변화할 수 있다.

가령 당신이 가장 힘들어하는 번뇌가 무지라고 하자. 당신이 무지 때문에 힘겨운 상황에 부딪히거나 다른 사람과 불편한 대화를 나눌 때, 그리고 무지가 미치는 영향에 압도당할 때 당신과 외부 세계 사이에 투명한 가림막이 세워지는 것과 같다. 이때 당신은 제대로 말을 할 수도, 세상과 적절하게 관계 맺지도 못한다. 이런 경향성은 당신에게 감정적 고통을 일으킨다. 당신은 이 끔찍한 마비 상태를 앞으로도 계속 겪어야 할 운명이라고 느낀다. 희망을 찾을 수 없다고 생각한다. 어딘가 막혀버린 느낌이다.

그러나 당신은 이 마비 상태를 다른 식으로 생각할 수도 있다. 즉, 당신이 지금 느끼고 있는 감정을 바로 지금 지구상의 수백만 명이 똑같이 느끼고 있다고 생각하는 것이다. 당신이 이 감정을 싫어하는 만큼이나 그들 역시 이것을 조금도 원하지 않는다. 더욱이 지금, 이 순간을 넘어 광대한 시간의 흐름을 생각할 때 지금까지 이런 불쾌한 경험을 겪은 사람의 수는 실로 무한하다고 해도 좋다. 우리는 누구나 자기만의 고유한 감정적 고통을 지니고 살지만, 모두가 살면서 감정적 고통을 겪는다는 점에서는 누구도 다르지 않다고 할 수 있다. 우리 자신에게 일어나는 일과 접촉하면서 그와 똑같은 일이 수많은 타인에게도 똑같이 일어난다는 사실을 깨달을 때, 우리는 자신과 타인 사이에 벽을 세우는 것이 아니라 그 벽을 허무는 참된 가능성이 생긴다. 나와 타인이 지닌 공통성을 숙고할 때 우리가 지닌 분리의 환영에 의문을 던질 수 있다.

타인을 향한 공감과 친절의 마음을 내기 위해서는 우선 자신에 대한 공감과 친절의 마음이 있어야 한다. 우리는 자신이 지금 느끼는 것을 느끼는 정도만큼 타인이 느끼는 것을 직접적으로 알 수 있다. 우리 스스로 느껴보지 않았다면, 그리고 우리 자신의 슬픔에 친절의 마음을 키우지 않았다면 어떻게 타인이 겪고 있는 것을 제대로 알고 그에 친절의 마음을 낼 수 있을까? 그럴 수 없다.

그러므로 번뇌를 공덕의 씨앗으로 바꾸는 중요한 한 가지 단계는 자신에게 보내는 따뜻한 마음과 접촉하는 것이다. 지금부터 당신 자신을 받아들이겠다고 상상해 보라. 당신이 지닌 경향성과 당신의 단점을 무엇도 빼놓지 않고 온전히 받아들이겠다고 결심하라. 당신이 자신에게 위협적인 존재가 아니라고 믿는다면 그것이 곧 당신 자신을 돕는 일이라고 생각하라.

자신을 향한 조건 없는 따뜻함의 느낌을 계발하는 것이야말로 당신이 일으키는 번뇌를 타인에 대한 사랑으로 변화시키는 토대이다. 가령 당신이 상습적인 거짓말쟁이라고 하자. 이때 당신은 자신에 관한 이 사실을 마냥 싫어할 수도 있다. 지금 자신에게 일어나고 있는 일을 제대로 들여다볼 기회로부터 계속 눈을 돌리게 될 것이다. 당신은 왜 자신이 그토록 거짓말을 많이 하는지 스스로 물어볼 엄두조차 나지 않을 것이다. 당신이 거짓말로 무엇을 얻으려 하는지, 왜 거짓말하는 자신을 회피하는지도 스스로 묻지 않을 것이다. 이렇게 있는 그대로의 자기 모습을 부정할 때 그것은 어둠 속에서 자라는 이끼처럼 당신의 문제를 더 키우는 적절한 조건이 된다.

그러나 거짓말하는 자신의 성향에 대해 호기심과 동정의 마음을 갖는다면(그 성향을 더 키우는 것이 아니라 제대로 살펴본다면) 어떨까. 당신과 똑같이 거짓말하는 다른 사람들에 대한 공감의 마음이 자연스럽게 일어날 것이다. 그리고 거짓말하는 성향이 우리 모두에게 얼마나 큰 비극을 일으키는지 알게 될 것이다. 거짓말하는 성향이 어떻게 사람들에게 자신이 형편없는 존재라고 느끼게 만드는지, 그리고 이런 낮은 자존감이 어떻게 세상에 대한 공격적인 행동으로 이어지는지도 알게 될 것이다. 또 거짓말을 그치는 것이 좋다는 사실이 고통스럽지만, 분명히 드러난다 해도 실제로 거짓말을 멈추는 일이 얼마나 어려운지도 알게 될 것이다.

우리 스스로 겪어야만 다른 사람이 경험하는 것을 이

해할 수 있다. 우리 자신이 신발을 신어 봐야만 그 신발을 신은 다른 사람의 경험을 이해할 수 있다. 자신의 감정과 경향성에 눈을 감아 버린다면 자신과 타인을 단절시키는 결과로 이어진다. 극히 간단한 원리다.

14

가슴을 변화시키는 두 가지 수련

우리가 지금 느끼는 것을 느끼는 용기를 키우기 위해 할 수 있는 수련이 있다. 이것을 '연민의 마음에 머무는 수련 (compassionate abiding)'이라고 한다. 이를 토대로 우리는 앞에 말한 나와 타인의 같음을 알아보는 연습을 할 수 있다.

가령 우리에게 타인에 대한 질투심을 쉽게 느끼는 경향성이 있다고 하자. 이때 우리는 어떻게 해서든 질투심이라는 불쾌한 느낌을 피하려고 할 것이다. 그러나 연민의 마음에 머무는 수련에서는 질투의 느낌을 밀쳐내는 대신, 그 느낌에 마음을 연다. 질투의 느낌을 느끼도록 자신에게 허용하는 것이다. 그뿐만 아니라 질투심을 기꺼이 반기며 맞이한다. 시골의 맑은 공기를 들이마시듯 숨을 들이쉬면서 질투의 느낌을 자기 안에 너그럽게 받아들인다. 그런 다음 숨을 내쉬면서 편안하게 이완하고 공간을 만들어 주면서 마음을 연다. 연민의 마음에 머무는 수련은 질투심 등 우리가 느끼는 다양한 감정과 맺는 관계를 통째로 변화시키는 잠재력이 있다. 이제 질투심 등 우리가 느끼는 감정은 '불쾌한' 감정 또는 '독약인' 감정이라는 범주에 꼼짝없이 박혀 있는 대신, 우리에게 이로움을 주는 감정으로 변한다. 그 감정은 이제 우리에게 도움이 된다. 숨을 들이쉬면서 그 감정에 마음을 연다. 마치 사랑하는 사람을 팔 벌려 안듯이. 숨을 내쉬면서는 그 감정에 무한한 공간을 내어준다. 마치 그것을 광활한 푸른 하늘로 내보내는 것처럼.

힘겨운 감정을 숨을 들이쉬듯 들이마시는 이 수련은 우리가 다른 사람들과 조금도 다르지 않다는 사실에 대해 생각하는 방법으로 사용할 수 있다. 질투심 등의 감정이 지닌 격렬함은 얼마나 많은 사람이 우리와 똑같은 경향성을 가졌는지 떠올리게 한다. 지금, 이 시간에도 지구상의 모든 나라, 모든 도시, 모든 마을에서 얼마나 많은 사람이 질투심을 느끼고 있을까? 얼마나 많은 사람이 부러움 때문에 우리보다 더욱 큰 괴로움을 겪고 있을까? 그리고 이들 중 얼마나 많은 이가, 우리와 다르게, 자신이 느끼는 고통스러운 감정을 어떻게 다뤄야 할지 몰라서 힘들어하고 있을까? 솔직히 말해 이런 생각에 이르면 나는 울음이 난다. 나만을 불쌍히 여기며 삶을 보내서는 안 된다는 생각이 들 수밖에 없다.

이것을 토대로 우리는 타인의 고통을 내 안에 받아들인 뒤 바깥으로 내보내는 통렌(tonglen) 수행●을 할 수 있다. 가령 분노를 느낄 때 우리는 얼마나 많은 사람이 나와 비슷하게 분노를 느끼는지 상상해 볼 수 있다. 에너지의 성질이라는 측면에서 볼 때 내가 느끼는 분노와 다른 사람이 느끼는 분노는 조금도 다르지 않다. 그러니 들숨과 함께 자신의 분노를 받아들이면서 전 세계 사람의 분노를 내 안에 받아들인다고 상상해도 좋다. 그러면서 이렇게 생각한다.

"지구상 모든 사람이 분노에서 벗어나기를. 모든 존재가 괴로움과 괴로움을 일으키는 원인에서 벗어나기를."

여기서 더 나아가 다음과 같이 빌어 본다.

"모든 존재가 자신의 참 본성에 깨어나기를."

숨을 들이쉬며 감정적 고통을 받아들이는 단계를 해 보았다. 이제 이를 자연스럽게 보완하는 단계로 숨을 내쉬면서 타인을 향해 긍정적인 감정을 내보낸다. 사람들에게 기쁨과 위안을 가져다줄 것으로 생각하는 사랑과 신뢰, 건

● 통렌 수행에 익숙하지 않다면, 그리고 통렌 수행의 단계별 지침에 대해 알고 싶다면 부록 B를 참조하라.

강과 편안함 등의 감정을 보내는 것이다. 모든 사람은 행복과 행운을 누리길 바라는데, 통렌 수행의 이 '보내기' 부분은 우리의 행복과 행운을 타인과 나누는 방법이다. (이처럼 통렌 수행은) 좋은 것은 혼자 가지려 하는 등 타인의 행복보다 자기 행복을 우선시했던 우리의 무의식적인 습관을 상쇄한다. 때로 나는 자신에게 이렇게 묻는다. "내가 지금 숨을 들이쉬며 받아들이고 있는 이것은 도대체 무엇인가?" 지금 내 안으로 받아들이고 있는 이 감정은 물론 고통스러우며 나에게 혼란을 안긴다. 하지만 그 감정이 정말 그토록 단단하고 고정불변의 것일까? 내 안에서 질투와 분노를 느낄 때 거기에 내가 정말 움켜쥘 만한 어떤 것이 있을까? 들숨과 날숨 모두 텅 비어 있는 어떤 것이다. 들숨과 날숨은 온갖 이름표나 좋고 나쁨의 딱지에서 벗어난, 비어 있는 무엇이다. 이처럼 이 수행을 절대적인 관점에서 생각해 볼 필요가 있다.

호흡의 자연스러운 변화를 사용해 감정적 고통을 받아들이고 내보내는 수행은 우리의 모든 불편한 감정을 공덕의 씨앗, 사랑과 연민의 씨앗으로 변화시킬 수 있다. 다양한 감정과 다양한 상황에서 이 수행을 적용하는 연습을 쌓아갈 때 우리가 느끼는 감정적 고통에 위협받는 일도 점차 줄 것이다. 이제 우리가 경험하는 번뇌는 깨달은 '보리심에 담긴 연민의 마음', 즉 다른 존재들의 고통을 덜어주는 데 필요한 일을 하려는 마음을 일으키는 데 도움이 되는 귀중한 자원으로 변화한다.

내가 죽을 때 무엇을 해야 하는지 트룽파 린포체에게 물어본 적이 있다. 그는 이렇게 답했다.

"열린 알아차림에 머무는 연습을 바로 지금 하십시오. 그러다 죽음에 이르렀을 때 만약 두려움 등의 감정이 느껴진다면 통렌을 수행하십시오. 죽어가는 모든 이들을 위해, 그리고 당신과 똑같이 두려움을 느끼는 모든 이를 위해 통렌을 수행하십시오. 그들의 고통을 덜어주고 그들에게 행복을 보낸다고 생각하십시오."

나는 오랫동안 이렇게 수행해 왔다. 특히 두려움을 느낄 때면 더 열심히 했다. 내가 느끼는 두려움을 숨을 들이쉬면서 내 안에 받아들인다. 그러면서 다른 사람들이 느끼는 두려움에 대해 생각한다. 이런 식으로 지금 나의 가슴이 열린다. 그러면 죽음의 순간에 이르러서도 그렇게 할 수 있을 것이다.

15

용기를 향해 나아가는 세 번째 단계: 감정을 깨어남에 이르는 길로 사용하다

우리의 감정을 다루는 세 번째 방법, 즉 용기를 향해 나아가는 세 번째 단계는 우리가 느끼는 감정을 깨어남에 이르는 길로 사용하는 것이다. 번뇌의 에너지를 온전히, 직접적으로 느끼도록 자신에게 허용하면 우리가 깨어나는 데 필요한 온갖 지혜가 번뇌의 에너지에 들어 있음을 알게 된다. 이 경험으로부터 삶과 죽음을 두려워하지 않는 흔들리지 않는 확신이 생겨난다.

말했듯이 우리는 누구나 '함께 일어나는 무자각', 즉 사물과 현상의 실상을 기본적으로 잘못 알고 있는 상태로 이 세상에 태어난다. 우리는 나를 다른 모든 것과 구별되는 '나'로 만들어주는 어떤 안정된 정체성이 나에게 있다고 믿는다. 이렇게 잘못 알고 있는 바탕 위에서, 세상이 던지는 온갖 즐거움과 고통에 끊임없이 걸려드는 자신을 발견한다. 우리의 마음은 번뇌와 그것과 함께 일어나는 온갖 고난에 완전히 휩싸여 있다. 가르침에 따르면, 이 고통스러운 과정은 우리가 무자각 상태에서 깨어나 자신과 모든 현상을 있는 그대로 보기 전까지는 끊임없이 계속된다고 한다. 여기서 '있는 그대로 본다'는 것은 자신과 모든 현상을 무상하고 실체가 없으며 모든 가능성을 지닌 활짝 열린 상태로 보는 것을 말한다. 그리고 우주의 거울이라는 근본적인 바탕과 결코 분리된 적이 없는 어떤 것으로 보는 것을 말한다.

'함께 일어나는 무지'라는 말은 무지가 단독으로 일어나지 않음을 의미한다는 점에서 흥미로운 표현이다. 붓다는 혼동이 있는 곳이면 어디에나 지혜도 함께 있다고 가르쳤다. 이것을 '함께 일어나는 지혜'라고 말할 수 있다. 우리가 세상의 온갖 즐거움과 고통에 걸려들 때마다, 번뇌가 일어날 때마다, 그리고 제정신을 잃고 해로운 방식으로 행동할 때마다 우리는 혼동의 손아귀에 사로잡힌다. 그러나 이 혼동은 우리가 지닌 깊은 지혜와 결코 동떨어진 것이 아니다. 전통적 비유에서, 혼동과 지혜를 얼음과 물에 비유하고는 한다. 얼음과 물은 모두 같은 분자로 만들어진다. 유일한 차이는 얼음은 얼어 있고 물은 그렇지 않다는 점뿐이다.

혼동은 우리 자신과 세상에 대해 얼어 있는, 즉 고정된 관점을 가질 때 일어난다. 그런데 이 고정된 관점은 사물의 실상에 있어 우리가 딛고 설 토대가 없다는, 다시 말해 우주의 거울이 존재하지 않는다는 불편한 느낌이 만들어낸 산물이다. 우리 대부분은 활짝 열린 공간을 접했을 때 그것을 우리가 딛고 설 토대가 없는 것으로 경험한다. 분노, 갈애, 질투 등의 번뇌는 모두 이 불편한 느낌의 일부이다. 이런 번뇌를 다루는 효과적인 도구를 갖지 못한다면, 번뇌는 우리의 마음 상태를 파괴하며, 우리 자신뿐 아니라 주변에도 해를 입힌다. 이것이 우리가 감정을 다루는 법을 익혀야 하는 이유다.

감정을 깨어남에 이르는 길로 사용할 때의 기본은 감정을 있는 그대로 단순하게 놓아두는 것이다. '단순하게'라고 말했지만, 우리 마음에 존재하는 어떤 것이든 그것을 있는 그대로 단순하게 놓아두는 일은 말처럼 쉽지 않다. 에고는 무엇이든 간섭하고 바로잡고 고치려 할 때 가장 편안함을 느끼며, 우리에게 무엇도 그냥 놓아두어서는 안 된다고 떠들어댄다. 우리의 번뇌를 있는 그대로 두는 법을 익히기 위해서는 인내와 용기가 필요하다.

먼저 무슨 일이 실제로 일어나고 있는지 볼 수 있도록 번뇌에 넉넉한 공간을 마련해 줘야 한다. 우리가 느끼는 감정을 전체적으로 보는 관점이 필요하다. 이것은 '번뇌로부터 거리를 두라'는 것과는 정확히 같은 말이 아니다. 오히려 무슨 일이 일어나는지 분명히 보기 위해 우리의 마음을 일정한 위치에 두는 것에 더 가깝다. 이렇게 하려면 자동 반응을 멈추는 수련을 해야 한다. 말하고 행동하기 전에 마음챙김이라는 틈을 마련해야 한다. 말과 행동으로 자동 반응하고 있는 상태로는 전체적인 관점을 갖기 어렵다.

이처럼 분명한 관점을 가진 뒤 이제 그 감정을 가능한 온전하게 경험하도록 자신에게 허용한다. 이것은 우리가 느끼고 있는 것을 그저 느끼도록 놓아두는 것과 같다. 그런데 여기서 한 걸음 더 나아간다. 이 수련에서 우리는 감정이 정말로 무엇인지 알기를 원한다. 감정을 긍정적이거나 부정적인 것 등의 일정한 범주에 욱여넣기보다 감정이 지닌 에너지와 직접 닿고자 한다. 그러면서 감정이 지닌 본질을 알고자 한다. 그저 개념이 아니라 더 깊이, 우리 자신의 마음과 온 존재로 감정을 알고자 한다.

아남 툽텐은 보통의 번뇌와 우리가 의식하는 번뇌를

구분 짓는다. 보통의 번뇌는 우리가 익히 아는 무엇이다. 가령 우리가 어떤 것을 갈구하는 상태에 있을 때 우리는 그것을 전체적으로 바라보는 관점이 부족해 대체로 해로운 방식으로 반응하고 만다. 한편, 우리가 의식하는 번뇌는 다르다. 의식하는 번뇌에는 지혜가 담겨 있다. 갈애 때문에 힘들어하는 경향성을 넘어설 수 있다면, 즉 갈애를 깨어남을 위한 한 가지 형태의 에너지로 경험할 수 있다면 갈애의 감정은 우리를 괴롭히는 힘을 잃는다. 대신에 그것은 더 가치 있는 무엇이 된다. 삶이 지닌 고귀함의 일부가 된다.

이런 식으로 자신의 감정과 관계 맺을 때 우리는 감정에 깃든 깨달음의 측면에 대해 알게 된다. 무지나 혼동과 '함께 일어나는' 지혜가 그것이다. 이 지혜는 언제나 존재해 왔으며, 우리가 겪는 모든 번뇌 하나하나에 깃들어 있다. 번뇌를 있는 그대로 놓아둔 채로 느끼는 이유도 이 지혜와 접촉하기 위해서다. 얼음이 녹으면 물이 지닌 열림과 흐름의 성질을 경험할 수 있다.

물론 쉬운 일은 아니다. 번뇌에 깃든 지혜와 접촉하는 데는 수련이 필요하다. 번뇌와 지혜를 구분하는 데도, 지혜와 번뇌에 깃든 지혜를 알아보지 못하는 것을 구분하는 데도 수련이 필요하다. 자신이 지금 번뇌 에너지의 신경증적 측면을 경험하고 있는지, 번뇌 에너지에 깃든 깨어남의 측면을 경험하고 있는지 어떻게 알 수 있을까? 가장 분명한 증거는 종종 우리 몸에서 찾을 수 있다. 일반적으로, 우리가 경험하는 보통의 번뇌는 그에 상응하는 몸의 긴장과 수축으로 나타난다. 가령 보통의 번뇌를 경험할 때 우리는 위장이나 턱, 미세하게는 심장이나 명치가 조이는 느낌을 느낀다. 감정이 아직 '장작불 단계'에 있을 때는 이렇게 신체 일부가 조이는 느낌을 감지하기가 쉽지 않다. 하지만 자신의 감정과 몸에 알아차림을 조율하는 연습을 할수록 신체적 긴장감은 우리가 보통의 번뇌에 사로잡혀 있는 때를 알려주는 지표가 된다.

몸에서 드러나는 신경증의 감각과 접촉할 때 우리는 지혜의 느낌에 대해서도 알게 된다. 이 관점에서 볼 때 지혜는 이완, 확장, 열림의 느낌으로 다가온다. 이때 우리는 감정과 맞서 싸우지 않는다. 감정을 있는 그대로 놓아둔다. 감정을 행동으로 표출하지도 억누르지도 않는다. 그저 있는 그대로 놓아둔 채 감정이 과연 어떤 느낌인지 그 느낌과 단순히 연결하고자 한다. 자신의 완고한 의견과 이야기를 고집한 채 긴장하는 대신, 편안하게 이완하면서 번뇌에 깃든 함께 일어나는 지혜가 <u>스스로</u> 말하도록 허용한다. 이런 식으로 수련할 때 우리가 가진 감정은 그 자체가 깨어남에 이르는 직접적인 길이 된다.

16

지혜의 다섯 가지 맛

지혜와 혼동이 함께 일어난다는 생각에 처음 접했을 때 그것이 나에게 미친 영향은 어마어마했다. 나를 티베트불교와 초걈 트룽파 린포체의 가르침으로 이끈 것도 바로 이 생각이었다. 1970년대 초반 나는 내 인생에서 최악의 시간을 보내고 있었다. 나는 온갖 사원을 돌아다녔고, 여러 국적과 전통의 스승들을 찾아다녔다. 심지어 사이언톨로지(Scientology)교•에서 주말을 보낸 적도 있다. 당시 나는 삶이 완전히 엉망이 되었다고 생각했는데 그 무엇도 당시 내 삶에 일어나고 있던 일에 대해 말해주지 못했다.

당시 나는 뉴멕시코주 북부에 살고 있었다. 그곳은 헤이트 애시베리••에서 온 히피들이 많이 살던 곳으로, 이곳에서 히피들은 수많은 공동체와 대안적 삶의 방식을 모색

• 신과 같은 초월적 존재를 부인하고, 과학기술이 인간의 정신을 확장하고 인류의 제반 문제를 해결할 수 있다고 주장하는 신종파(옮긴이).

•• 미국 샌프란시스코의 한 지구, 60년대 히피와 마약 문화의 중심지(옮긴이).

하고 있었다. 어느 날 나는 친구의 픽업트럭에 탔는데 좌석에는 트룽파 린포체의 제자들이 발간하던 『가루다(Garuda)』라는 잡지가 놓여 있었다. 마침 '부정성을 다루다'는 제목의 기사 면이 펼쳐져 있었다. 기사의 첫 문단을 읽고 나는 자리에서 넘어질 뻔했다. 린포체는 이렇게 말했다.

"우리는 부정성을 지극히 불쾌한 것, 악취가 풍기는 제거해야 하는 것으로 경험합니다. 그러나 더 깊이 들여다보면 부정성에는 아주 매력적인 향기와 생생히 살아 있는 느낌이 깃들어 있습니다. 부정성은 살아 있고 정확합니다. 그것은 실재와 연결되어 있습니다."

지금 돌아보면 그때 내가 그 가르침을 어떻게 이해했는지 확실하지 않다. 하지만 기본적인 메시지는 이해했다고 생각한다.

'당신이 지금 경험하고 있는 그것에는 아무런 문제가 없다. 그저 그 에너지에 가만히 머물라. 불필요한 가지를 내지 마라. 그렇게 하면 소중한 무언가를 바로 발견할 것이다.'

그로부터 머지않아 트룽파 린포체가 뉴멕시코에 왔다. 나는 그가 가르치는 자리에 직접 참석했다. 그 후로 15

년간 린포체의 인도에 따라 그 가르침을 더 깊이 탐구하는 기회를 계속해서 가졌다.

린포체의 가르침의 핵심 중 한 가지는 번뇌를 비롯한 우리의 신경증적 증상에서 발견되는 지혜는 서로 다른 맛으로 나타난다는 점이다. 불교의 가르침에는 크게 다섯 가지 유형의 지혜가 있는데, 각각은 다섯 가지 주된 번뇌에 상응하는 지혜이다. 여기서 다섯 가지 번뇌란 **갈애, 공격성, 무지, 질투, 자만**을 일컫는다. 모든 사람이 온갖 감정을 경험하지만, 사람에 따라 다른 감정보다 더 두드러지게 경험하는 감정이 있게 마련이다. 우리 각자는 그 감정의 신경증적 측면을 주로 경험하는데, 이 가르침의 도움으로 감정에 깃든 지혜의 측면을 알아보고 연결할 수 있다. 다시 말하자면, 번뇌가 가진 깨어남의 측면, 즉 '에고 없음'의 측면을 알아보고 연결될 수 있는 것이다. 이렇게 하면 감정 에너지는 우리를 끌어내리기보다 깨어나게 하는 데 도움이 된다.

가령 어떤 사람들은 자주 **공격성**에 휩싸인다. 그들은 인간관계에서, 직장에서, 그리고 삶의 많은 영역에서 공격성이라는 번뇌가 자주 올라온다. 이것을 마냥 방관한다면 그들 자신과 주변 사람들에게 커다란 해를 끼칠 것이다. 삶이 생지옥으로 바뀔 수도 있다.

감정을 깨어남에 이르는 길로 활용하는 접근법을 취할 때, 우리는 자신이 가진 내면의 공격성을 더 깊이 들여다보면서 그것이 가진 기본적인 에너지와 직접 접촉해야 한다. 에고를 지나치게 관여시키지 않은 채로 이렇게 할 수 있다면 공격성이라는 감정이 지닌 특별한 맛을 알게 될 것이다. 그것은 깨어난 마음이 지닌 맛과 다르지 않다. 이렇게 본다면 번뇌가 일어나는 것은 오히려 우리의 가장 깊은 본성, 즉 에고가 사라진 우리 마음의 활짝 열린 본성에 닿는 좋은 기회라고 할 수 있다.

공격성이라는 번뇌가 일어날 때, 우리는 '거울 같은 지혜'를 발견할 수 있다. 이 지혜는 날카로움과 정확성을 갖추고 있어서 우리의 미혹한 상태를 잘라내고 들어가 모든 것을 명료하게 바라본다. 거울 같은 이 지혜는 공격성이라는 번뇌의 얼음이 녹을 때 생기는 특별한 물이다.

갈애라는 번뇌가 일어날 때 함께 생겨나는 지혜는 '분별하는 지혜'이다. 갈애의 번뇌 에너지가 신경증적으로 드러날 때 그것은 집착, 요구, 원함 등의 현상으로 나타난다. 그러나 편안하게 이완한 상태로 갈애의 번뇌 에너지를 있는 그대로 놓아둔다면, 번뇌의 얼음이 녹으면서 그것이 지닌 깨어남의 측면을 발견할 수 있다. 그것은 따뜻하고 연민에 찬 마음의 성질로서 삶의 세부 사항과 연결하는 능력이 나타난다. 삶의 세부적인 것들을 알아보고, 그에 관심을 가지며, 심오한 통찰을 갖추는 능력을 말한다.

신속하고 뭔가 분주하며 비판적인 성향이 있다면 **질투**의 신경증적 측면에 사로잡힌 사람이다. 그들은 깔끔하고 정돈된 세상을 만들고 싶어 한다. 질투의 번뇌에 깃든 깨어남의 측면을 '모든 것을 성취하는 지혜'라고 부른다. 만약 분투하거나 긴장하지 않은 채로 질투의 번뇌 에너지를 경험할 수 있다면, 우리와 관련된 모든 사람의 이익을 위해 그 어떤 일도 수월하게 이룰 수 있을 것이다.

자만심의 신경증적 측면은 넓은 공간을 차지하려는 것과 관련이 있다. 물리적인 형태로 말하자면, 이것은 명상 수련회에 참가한 사람들이 자신의 수행 자리를 준비하는 모습에서 잘 드러난다. 그들은 방석 외에도 담요를 열네 개나 깔고, 거기에다 보온병 세 개와 숄 두 개, 슬리퍼 두 켤레를 가져온다. 그러나 자만심의 번뇌 에너지의 본질과 연결할 때 그것은 '평등심의 지혜'가 된다. 이때 우리는 너무 많은 것을 집어 들고 고르는 대신, 있는 그대로의 삶에 더 열린다. 어떤 일이든 그저 일어나도록 놓아두는 태도와 자아가 사라진 감각을 갖게 되는 것이다.

마지막으로 **무지**의 번뇌 에너지는 둔하고 무기력하며 삶의 실재와 접촉하지 않는 성질을 갖고 있다. 극단적인 경우에 그것은 마비에 이르고 만다. 무지의 번뇌 에너지에 담긴 깨어남의 측면을 '법계의 지혜'라고 한다. 법계(法界, dharmadhatu)란 '모든 것을 포괄하는 공간'이라는 의미다. 세상 만물에 스며 있는 공간, 모든 사물과 현상을 주관하는 활짝 열린 공간, 늘 새롭고, 조건 지어지지 않은 공간을 말한다.

1980년대에 나는 동료 수행자에게서 무지의 번뇌 에너지에 담긴 신경증적 측면과 깨어남의 측면을 함께 보았다. 나는 이 남자를 교사로만 알고 있었다. 그는 똑똑하고 관대하며 배려심 깊은 교사였다. 그가 전하는 말은 우리에게 커다란 고요함과 열림을 전했다. 그가 가르침을 펼 때면 내 안의 고요함과 열림이 그것에 공명했다. 그의 낮은 목소리 톤은 활짝 열린 분위기를 만들었다.

그러나 시간이 흘러 그를 개인적으로 알게 되면서 나

는 그가 종종 멍한 상태로 지내는 걸 보았다. 어떤 때는 지루해하거나 기분이 나빠지면서 우울함에 기우는 일도 자주 있었다. 그때 나는 처음으로 경험했다. 한 가지 감정적 성질의 두 측면이 한 사람에게서 그토록 분명히 함께 일어날 수 있다는 사실을 말이다.

여기서 기억해야 하는 핵심은 이 다섯 가지 경우 모두에서 지혜와 신경증이 함께 일어난다는 사실이다. 우리는 다른 하나가 없이는 가질 수 없다. 그런데도 이렇게 생각하는 경향이 있다. "나는 질투심은 원치 않아. 그렇지만 모든 것을 성취하는 지혜는 갖고 싶어. 나는 신경증적 경향성은 어떤 것도 갖고 싶지 않아. 그냥 깨어남의 측면만 갖고 싶어." 이것은 사막에서 목이 타들어 가는 사람이 기적처럼 얼음 한 덩어리를 발견하고는 이렇게 말하는 것과 같다. "내가 원하는 건 얼음이 아니야. 얼음은 필요 없으니 던져버려. 나는 다른 곳에서 물을 찾아야 해." 그러나 우리가 찾아 헤매야 하는 '다른 곳'은 존재하지 않는다. 이것은 얼음의 진정한 본성이 우리의 갈증을 해소해 주는 물과 완전히 똑같다는 사실을 인식하는 문제일 뿐이다. 마찬가지다. 자신의 지혜를 발견하고자 할 때 우리 자신의 신경증 외에 들여다보아야 할 곳은 아무 데도 없다. 우리는 자아를 가진 감정과 자아가 사라진 감정이 함께 존재함을 알 수 있다.

트룽파 린포체가 처음으로 서구에 가르침을 펼 당시 그는 완전히 열린 영역에서 시작했다. 그는 서양에 티베트 불교를 깊이 있게 전한 최초의 사람 중 하나였기에, 사람들을 교육하는 방법에 대해 수많은 가능성을 갖고 있었다. 나는 그가 초기에 강조한 가르침의 주제 중 하나가 번뇌에 깃든 지혜라는 점이 늘 흥미로웠다.

지혜-신경증의 다섯 가지 짝들 각각은 불부족(佛部族, buddha family) 또는 '깨어난 부족(awakened family)'과 연결되어 있다. 각각의 불부족은 특정 부처를 중심으로 만들어지는데, 여기서 특정 부처란 번뇌에 깃든 깨어남의 측면을 체화한, 완벽히 깨어난 존재를 말한다. 트룽파 린포체는 이것을 이렇게 표현했다. "깨달음을 평온한 부처들이라고 생각해도 좋다. 미소를 머금은 채 지극히 고요하고 아름다운 모습으로 지내는 부처들 말이다. 그러나 평온함에 이르는 방법은 이 밖에도 여러 가지가 있다." 한편으로 우리는 지혜를 순수하고 치우침 없는, 열린 공간으로 생각할 수도 있는데 그것은 어떤 성질을 띠고 나타난다. 깨달음은 다섯 가지의 기본적인 성질, 다섯 가지 평온함의 성질로 나타난다. 이 부처들과 친숙해지면 이번 생뿐 아니라 지금부터 보듯이, 앞으로 우리에게 다가올 바르도에서도 커다란 도움이 된다.•••

거울 같은 지혜와 공격성은 금강부(金剛部, Vajra family)와 연결되어 있다. 이것의 상징인 금강저(金剛杵)•••• 는 파괴할 수 없는 불멸성을 상징하는 의례의 대상이다. 금강저의 본질과 거울 같은 지혜는 아촉불(阿閦佛, Akshobhya)이라는 부처이다. 또 갈애가 지닌 분별의 지혜와 신경증은 연꽃으로 상징되는 연화부(蓮華部, Padma family)와 관련 있으며, 각성의 모습은 아미타불이다. 법계의 지혜와 무지는 불부(佛部)와 비로자나불에, 평등심의 지혜와 자만심의 번뇌는 보석으로 상징되는 보부(寶部, Ratna family)와 보생불(寶生佛, Ratnasambhava)에 해당한다. 마지막으로 모든 것을 성취하는 지혜와 질투심은 갈마부(羯磨部, Karma family)와 불공성취불(不空成就佛, Amoghasiddhi)과 연관되어 있다. 그리고 이 모든

•••   오불부족(五佛部族, Five Buddha Familes)과 그것의 성질을 나타낸 표는 부록 C를 참조.
•••• 금강저는 산스크리트어 바즈라(vajra)의 역어로, 손잡이의 양단에 날카로운 날이 붙은 방망이형의 무기이다(옮긴이).

불부족은 각각 자신의 색깔, 원소, 계절, 하루 중 특정한 시간과 연결되어 있다. 린포체가 말하듯이 '현상 세계의 모든 측면'과 연결된 것이다.

우리가 기억해야 할 것, 그리고 바르도에서 우리에게 도움이 되는 핵심적인 가르침은, 이 모든 불부족 다시 말해 깨어난 존재들이 가진 본질이 우리 마음의 본성과 조금도 다르지 않다는 사실이다. 린포체는 우리 각자가 지닌 개인적 불부족이 우리의 깨어난 본성, 즉 우리의 불성과 접촉하게 하는 열쇠라는 점에서 우리의 개인적 불부족이 무엇인지 아는 게 매우 중요하다고 생각했다. 린포체는 우리가 지닌 본성을 자주 우리의 '근본적 선함'이라고 불렀다. 우리를 가장 자주 그리고 맥없이 소진하는 번뇌, 즉 우리가 가장 힘들어하고 가장 막막해하고 가장 부끄럽게 여기는 번뇌들이 우리의 가장 깊은 지혜와 근본적 선함에 이르는 가장 직접적인 통로가 된다. 물론 번뇌의 에너지를 움켜쥐지 않고, 그렇다고 자아의 집착으로 그것을 거부하지도 않으면서 번뇌의 에너지에 직접적으로 닿을 때 가능하다.

당신은 자신을 '화가 너무 많다, 너무 집착한다, 너무 멍하니 지낸다, 너무 질투가 많다, 너무 오만하다' 등으로 비난할지 모르지만, 각각의 불편한 감정 안에는 당신의 불부족이 지닌 개인적 지혜, 즉 당신만의 온전함이 자리 잡고 있다. 당신은 이렇게 생각할지 모른다. "내가 가진 화의 문제는 정말 심각해요!" 그러나 깨달은 존재는 이것을 뒤바꾸어 이렇게 말할 것이다. "당신은 억세게 운이 좋군요! 아촉불의 거울 같은 지혜에 직접 닿아 있으니 말이오. 그 에너지와 다투지 않고 하나가 된다면 그것은 당신을 깨어나게 할 것이오."

린포체는 우리 각자의 주요 신경증에 대해 제대로 알아서 그 신경증의 '아주 매력적인 향기'에 충분히 익숙해지고, 그것을 존재가 지닌 풍요로움의 일부로 삼기를 바랐다. 또 우리가 지금 모습과 다르게 되려는 시도를 멈추고, 자신의 기본적인 품성을 바꾸거나 숨기려는 시도를 멈추길 바랐다. 대신에 우리가 자신의 기본 품성을 기꺼이 받아들이길 원했다. 번뇌를 의식하고 번뇌의 에너지를 있는 그대로 놓아둠으로써 번뇌의 얼음이 녹아 물이 되기를 바랐다. 그러나 그것은 감정을 더 키우라는 의미가 아니었다. 결코 그런 뜻은 아니었다. 감정을 행동으로 표출하거나 속으로 억누르면 감정은 더욱 커진다. 린포체는 우리에게 그저 최선을 다해 자기감정의 에너지 한가운데 머물도록 독려했다. 그러면서 감정 에너지 한가운데 머무는 능력을 시간의 흐름과 함께 자연스럽게 조금씩 키우도록 격려했다.

『목적 없는 여행(Journey without Goal)』이라는 책에서 린포체는 이렇게 말했다.

"자신의 불부족을 탐구하는 과정에서 우리는 자신이 이미 특정한 성질을 지녔음을 알게 된다. 우리는 그것을 무시하거나 거부할 수 없다. 그와 다른 어떤 것이 되고자 시도하는 것은 불가능하다. 우리는 자신의 공격성, 자신의 탐욕, 자신의 질투심, 자신의 분개, 자신의 가난한 마음, 자신의 무지 등 어떤 것이든 이미 가지고 있다. 우리는 이미 특정한 불부족에 속해 있는 것이다. 그 특정한 성질을 탐구하고 그것과 적절히 관계 맺으면서 그것을 경험해야 한다. 그 성질들은 우리가 가지고 있는 유일한 가능성이다. 그것을 적절히 탐구한다면 깨달음으로 나아가는 디딤돌로 삼을 수 있다."

감포 수도원(Gampo Abbey)에서 우리는 종종 홀로 숙소를 잡고 1인 수행을 한다. 그때 연락 담당자를 두고 자주 농담을 나누고는 했다. 연락 담당자란 수행자가 혼자 머무는 숙소에 필요한 물건을 가져다주는 사람을 말한다. 1인 수행 시스템은 참가자가 필요한 물건을 적어 숙소 바깥에 메모를 남겨두면 메모를 확인한 연락 담당자가 식료품이든 뭐든 필요한 물품을 가져다주는 식이다.

만약 당신이 "이번 주에는 치즈가 넉넉히 필요해요"라는 메모를 숙소 바깥에 내놓았다고 하자. 이때 우리는 이런 식으로 농담을 나누었다. '각각의 불부족 대표라면 당신에게 무엇을 가져올까?' 금강부의 연락책이라면 얇고 아름답게 썬 일곱 장의 슬라이스 치즈를 파라핀지로 칸을 나눠 담아 올 것이다. 보부의 보생불이라면 치즈를 통째로 가져올 것이고 연화부의 연락책이라면 직접 딴 야생화로 장식한 체크무늬 천을 두른 바구니에 치즈를 담아 올 것이다. 갈마부 연락책이라면 완벽한 치즈를 구하려고 가게를 열 곳이나 돌아다닌 뒤 너무 힘들었다며 불평을 쏟아낼 것이다. 불부 사람이라면 아예 당신에게 오는 것을 잊어버릴지 모른다. 실제로 그들은 당신이 적어 내놓은 메모를 확인하는 일조차 잊어버릴 것이다.

이 농담은 트룽파 린포체가 각각의 불부족이 지닌 특별한 맛을 사람들에게 느끼게 하려고 개발한 게임과 관련이 있다. 그는 이것을 '성질 게임(qualities game)'이라고 불렀다. 나는 몇 년 전 감포 수도원에서 바르도를 가르칠 때 그곳 수행자들과 이 게임을 한 적이 있다. 한 수행자가 특정 불부족을 떠올리면 다른 수행자가 그것이 어느 불부족인지 맞히는 게임이었다. 이렇게 질문을 던진다. "불부족이 국가라면, 그것은 어떤 국가일까?" 또는 "불부족이 한 곡의 음악이라면, 그것은 어떤 음악일까?"

한 번은 내가 연화부를 선택했는데, 다른 수행자들이 내게 던진 질문은 이러했다. "만약 당신이 신발이라면 어떤 신발일까요?" 나는 (연화부로서) 이렇게 대답했다. "부드러운 오렌지색 슬리퍼 한 켤레요." 또 "만약 당신이 직업인이라면 어떤 직업을 가졌을까요?"라는 질문에 대한 나의 답은 이러했다. "호스피스 봉사자요." 이 게임에 익숙해지면 사람들은 대개 몇 번의 시도로 상대가 어느 불부족에 속하는지 정확히 맞힌다. 그러면 각각의 불부족에서 보이는 특정한 성질에 더 조율할 수 있다. 우리 시대 위대한 현자들의 불부족을 탐구해보는 것도 의미 있는 작업이다. 나의 스승들에 대해 생각해보면 콕 집어 단정할 수는 없어도 그들이 가진 특정한 성질에 대한 감이 온다. 16대 카르마파 성하는 강력한 연화부 성질을 지녔다. 그의 현존은 황금빛 태양과도 같았다. 그는 더할 나위 없이 따스한 웃음으로 내 손을 정성스럽게 잡아주고는 했다.

나의 주요 스승들이 지극히 존경하는 딜고 켄체 린포체 성하는 흰색 빛의 성질을 많이 띠고 있었다. 그의 곁에 있으면 따뜻한 태양 빛이 아니라 광대한 우주 공간에 나가는 것처럼 느껴졌다. 제자들은 딜고 켄체 린포체를 '미스터 우주(Mr. Universe)'라고 불렀다. 나에게 그는 불부의 지혜를 체현해 보이는 본보기였다.

트룽파 린포체는 어디에 속하는지 알기가 더 어려웠다. 그는 여러 가지 성질을 보였는데, 아마도 가장 쉽게 알아보았던 성질은 그가 지닌 불부의 성질이었다. 그는 법계 지혜와 연결된 널따랗고, 안정되며 지혜로운 현존을 지니고 있었다.

살아 계신 나의 주요 스승인 지가 콩트룰 린포체는 많은 사람에게 강력한 금강으로 다가간다. 그는 매우 똑똑한 분으로 다르마 공부를 좋아하는데 그가 가르치는 것을 들어보면 그가 단박에 핵심을 뚫고 들어가는 법을 안다는 사실이 눈에 보인다. 그는 거울 같은 지혜를 드러낸다. 린포체를 더 잘 알게 되었을 때 나는 그가 보석(Ratna)과 매우 비슷하다는 걸 알았다. 그를 찾아가면 온갖 종류의 불상과 탱화, 그 밖의 물건을 두고 있는 걸 볼 수 있다. 내가 그의 수행 숙소를 처음 찾아갔을 때 이런 생각이 들었다. "여기에 물건을 더 들여올 공간은 조금도 없겠군." 그러나 그 후로 그는 꽤 많은 물건을 더 들일 공간을 마련했다. 나에게 그의 기본적 성질은 금강과 보석, 즉 거울 같은 지혜와 평등심의 지혜이다.

우리는 모두 각자 자신의 기본적 성질을 지니고 있고, 그 성질은 우리 모두를 위해 우리의 지혜를 담고 있다. 기본적 성질들은 우리가 가진 유일한 잠재력이다. 트룽파 린포체는 우리가 가진 불부족 성질이 부끄러워해야 하는 것이 아님을 강조하기 위해 그것을 각 민족의 요리법에 비유했다. 아프리카, 남아시아, 중동, 유럽 등 세계 어느 문화권과 지역 출신이라 해도 우리는 우리가 하는 요리를 자랑스러워할 수 있다. 요리는 우리 정체성의 일부를 이룬다. 마찬가지로 우리는 자신이 금강부, 갈마부, 연화부에 속하는 것을 자랑스러워할 수 있다. 그것 역시 우리 정체성의 일부다.

우리와 숙련된 수행자 사이에는 오직 한 가지 차이점이 있다. 우리는 우리가 느끼는 감정에 맞서 위축된 채로 신경증을 지속시키며 대부분의 시간을 보내고 있다. 반면 숙련된 수행자들은 자신의 불부족 에너지로 이완하며, 그 에너지에 담긴 지혜에 머물 줄 안다. 그들은 그 에너지가 지닌 멋진 성질을 드러내 보인다. 우리는 자신의 원래 모습에 만족하지 못하지만, 나의 스승과 같은 사람들은 자신의 본래 모습에 자신 있게 다가간다. 그들은 자신의 타고난 성질을 최대한 활용해 삶을 즐기면서도 타인에게 이로움을 주는 법을 안다.

17

있는 그대로 경험하기: 다르마타의 바르도

지금까지 감정을 다루는 것에 관하여 내가 받은 지침들을 소개했다. 이것은 오랜 시간에 걸쳐 검증된 방법으로 이번 생의 바르도에서 바로 적용할 수도 있고, 앞으로 당신에게 다가올 바르도에서 적용해 볼 수도 있다. 우리가 지금 자기 생각과 감정을 다루는 방식은 죽을 때도 그대로 가져간다. 우리는 이것을 죽음에 이를 때까지 미룰 수 없다. 그때가 되면 너무 늦다. 지금이 적기다. 지금 어떻게 사느냐가 어떻게 죽느냐를 결정한다. 죽어감의 바르도를 지나는 동안 이 지침을 어떻게 활용하면 도움이 될지 떠올리면서 지금 당장 이 지침을 실천한다면 죽음 준비도 자연스럽게 할 수 있을 것이다.

앞서 죽음의 과정 이야기에서 이번 생의 겉모습이 분해되는 단계까지 이야기했다. 이 시점에서 혼란과 습관의 모든 구름이 말끔히 걷히고, 걸림 없고 깨끗하며 푸른 하늘 같은 마음의 참 본성이 남는다. 실제로 우리는 이 하늘 같은 마음의 본성, 즉 우주의 거울에서 단 한 번도 떨어진 적이 없었다. 죽음에 이르러서야 우리는 마음의 참 본성을 온전히 실현할 기회를 얻는다.

마지막 분해의 순간이 되면 우리의 깨어난 본성이 확연히 다가온다. 이 본성과 온전히 하나가 될 수 있다면, 즉 우리의 아이의 빛(child luminosity)이 어머니의 빛(mother luminosity)과 합쳐질 수 있다면, 우리는 고향으로 돌아가는 아들딸처럼 그 자리에서 완전한 깨달음을 이룰 것이다. 그런데 이 전통의 수행자들이 자신의 전 생애에서 가장 중요하게 여기는 이 기회는 순식간에 지나가고 만다. 수행자는 물론 대다수가 이 기회를 놓친 채 '다르마타의 바르도'라는 다음 단계 바르도로 이동한다. 다르마타(dharmata)는 '현상의 본성', '그러함' 또는 단순히 '있는 그대로의 상태'라는 의미이다. 이 표현들은, 다르마타 바르도에 있는 동안에 우리는 평소의 관점과 의견을 내려놓고 어떠한 개념적 투사도 없이, 있는 그대로의 실재를 직접 경험한다는 것을 의미한다.

『티베트 사자의 서』라는 책이 흥미로운 점은 기본적으로 우리에게 이렇게 말하기 때문이다. "내가 지금 당신에게 말하는 것을 그대로 따른다면 당신은 깨어나지 않을 도리가 없다." 그런 다음 책은 무엇을 해야 하는지 알려주며 이렇게 말한다. "그런데 이 기회를 놓친다면 당신은 지금과 다른 상황에 부딪힐 것이다. 그러면 그때는 지금과 다른 시도를 해볼 수 있다." 이런 식으로 책은 우리에게 이번 기회가 아니면 다음 기회, 다음 기회가 아니면 그다음 기회를 제시한다. 그래서 나는 이 책을 '두 번째 기회를 주는 책'으로 생각하기 좋아한다. 다르마타의 바르도는 우리에게 '두 번째 기회'를, 그것도 하나가 아니라 여러 개 선사한다.

어머니의 빛과 하나 될 기회를 놓쳤을 때, 우리의 의식은 마침내 몸을 떠나 무의식 상태에 들어간다. 이것은 전신 마취제를 맞는 것과 비슷해서 이때 우리의 정신은 완전히 텅 비어 아무것도 의식하지 못하는 공백 상태가 된다.

그러다 이 무의식 상태에서 깨어나면 다르마타 상태에 있게 된다. 여기서는 우리가 이번 생의 바르도를 지나는 동안에 하는 보통의 경험과 비교해 마음과 정신이 더 활짝, 최대한도로 열린 상태가 된다. 이것은 자아가 사라진 상태이다. 이때 우리는 살면서 습관적으로 기대던 기준점, 즉 우리의 자아 감각에서 일시적으로 벗어난다. 그러면서 비이원적(nondual) 경험을 하게 된다. 이런 식으로 앞서 우리의 몸을 구성하는 요소들이 분해된 다음에 일어났던 일과 비슷한 과정이 일어난다. 다만 중요한 차이점은, 다르마타 바르도에서는 겉모습이 근본 바탕으로부터 뚜렷한 모습과 소리로 나타나고 이후에는 특정한 형태로 나타난다는 점이다.

이것은 어느 정도, 바로 지금 우리가 속도를 충분히 늦추어 관찰했을 때 사물을 경험하는 방식이기도 하다. 사물과의 어떤 만남에서든 처음에는 열린 공간이 존재한다. 어떤 사물이 나에게로 다가와 나와의 만남이 이루어지는데 이 만남은 활짝 열려 있고 온갖 가능성으로 가득하며 어떤 식으로든 고정되어 있지 않다. 나는 지금 일어나고 있는 일에 대한 개념을 아직 만들지 않았다. 그다음으로 나는 그 사물의 모양과 색을 인식한다. 그런 다음에 그 사물이 나의 초점 속으로 들어오며, 나는 그것을 '사람'으로 확신한다. 이때부터 그 사물에 대한 혐오와 끌림 또는 무관심을 경험한다. 이처럼 경험은 처음에 활짝 열린 상태에서 점점 구체화하면서 고정된 방향으로 이동한다.

이 바르도를 경험한다는 것이 과연 어떤 것인지 느낌

을 전할 필요가 있어 보인다. 이 가르침은 나의 개인적인 경험으로 확실히 증명할 수는 없지만, 커다란 연민을 지닌 심오한 스승들로부터 오랜 시간에 걸쳐 전해 내려온 가르침이다. 나는 스승들의 가르침을 받으면서 길에서 벗어났다고 느낀 적이 한 번도 없다. 내 경험으로 볼 때 티베트불교의 신비적 측면을 탐구하는 데 따르는 이익은 즉각적으로 나타나지 않지만, 결국에는 분명히 드러난다. 책의 서두에서 말했듯이 나의 전체적인 접근 방식은 지가 콩트룰 린포체가 전하는 부드러운 조언을 따르는 것이다. 그의 가르침을 거부하지도, 그렇다고 통째로 삼키지도 않으면서 그 가르침에 기대어 마음을 여는 것이 내가 그의 가르침에 다가가는 방식이다.

다르마타의 바르도는 멋진 광경과 소리를 보여준다. 처음에 이 바르도에 투영된 실재는 모든 공간을 가득 채운 찬란한 빛의 형태로 나타난다. 빛으로 된 광대한 무지개와 원반이나 얇은 낱장 모양의 빛으로 나타난다. 아름답다고 느낄지 모르지만, 그 색깔이 너무 강렬해서 무서울 정도다. 동시에 아주 시끄러운 소리도 들린다. 이것을 두고 트룽파 린포체는 "세상의 모든 악기를 동시에 연주하는 소리와 같다"고 말했다.

『티베트 사자의 서』에 따르면, 다음으로 이 형상들은 이제 평화로운 신으로, 그다음으로 격분한 신의 형상으로 나타나기 시작한다. 이 신들은 특정한 순서에 따라 나타난다. 맨 처음 나타나는 다섯 신은 앞서 말한 다섯 불부족의 부처들이다. 이들을 '평화로운' 신으로 여길지 모르나 우리가 익히 아는 방식으로 위안을 주는 존재들은 아니다. 이들은 지극히 깨어 있는 성질을 갖고 있다. 맨 처음 나타나는 신은 법계 지혜의 현현(顯現, 드러남)인 푸른색의 비로자나불(Vairochana)이다. 이 신은 무지의 번뇌에 깃든 지혜의 측면이다. 다음으로 흰색의 아촉불(Akshobhya)이 나타나는데, 거울 같은 지혜를 상징하며 공격성이라는 번뇌에 깃든 지혜의 측면이다. 다음으로 나타나는 것은 노란색의 보생불(Ratnasambhava)로서 평등심의 지혜를 상징하며 자만심의 번뇌에 깃든 깨어남의 측면이다. 다음으로 붉은색의 아미타불(Amitabha)이 나타나는데, 분별하는 지혜로서 갈애의 번뇌에 깃든 깨어남의 측면이다. 마지막으로 초록색의 불공성취여래(Amoghasiddhi)가 나타나는데 이것은 모든 것을 성취하는 지혜로서 질투의 번뇌에 깃든 깨어남의 측면이다.

각각의 부처가 모습을 드러내면서 우리는 그 부처와 색깔로 물든 빛과 하나가 됨으로써 완전한 깨어남을 얻을 수 있다. 이것은 편안하게 이완한 상태에서 지금 우리가 자신이 투사한 모습을 보고 있다는 것을 알 때 가능하다. 지가 콩트룰 린포체는 여기서 핵심은 빛 속을 응시하며 거기에 머무는 것이라고 했다. 이것은 말처럼 쉽지 않다. 대개 찬란한 빛을 보면 그로부터 시선을 돌리는 것이 우리가 가장 먼저 보이는 본능이다. 빛을 보는 데 익숙하지 않으면 불편함을 느낀다. 동시에 우리는 밝은 빛과 함께 어슴푸레하고 편안한 빛도 보게 되는데, 이때는 자연스럽게 이 빛에 끌려간다. 그러나 습관적이고 편안하고 중독적인 것에 끌려가도록 스스로 허용하는 것은 그리 좋은 생각이 아니다.

어떤 면에서 그것은 어리석은 짓이다. 하지만 이 가르침에 익숙해진 지금 나는 눈을 돌리고 싶은 밝은 빛을 만날 때마다 그에 다가가 편안하게 이완하는 연습을 하고 있다. 그렇지만 우리는 우리의 경향성과 너무나 익숙한 패턴에 안주해 어슴푸레하고 편안한 빛을 찾는 경향이 있다. 트룽파 린포체는 이것을 '안락의 정신상태'에 끌려가는 것이라고 말했다. 그는 제자들에게서 이런 경향성을 매우 자주 느껐다고 한다.

『티베트 사자의 서』에는 이 편안한 빛에 대해 말하는 대목이 두 군데 나온다. 다르마타의 바르도와 그다음 바르도인 되어감의 바르도(bardo of becoming)가 그것인데 두 곳 모두에서 우리를 유혹하는 어슴푸레한 빛이 우리를 윤회로 되돌아가도록 유혹한다. 이 부드러운 빛은 불편함에 대한 우리의 예측 가능하고 습관적인 반응을 상징한다. 우리는 우리에게 도전을 안기는 것보다는 우리를 편안하게 하는 것에 더 끌리게 마련이다. 다르마타의 바르도에서 희미한 빛은 우리를 꿰뚫는 지혜의 밝은 빛이 아닌 다른 선택지로 제시된다. 우리는 자신의 경향성과 번뇌로 되돌아갈 수도 있고, 아니면 지혜의 꿰뚫는 빛에 온전히 현존한 채 머물 수도 있다. 선택은 우리의 몫이다. 되어감의 바르도에서 희미한 빛은 피해야 하는 길로 제시된다. 그것은 윤회하는 존재가 머무는 여섯 가지 세상에 이르는 길로 제시되고 있다. 윤회하는 존재가 머무는 여섯 세상은 책의 후반부에서 자세히 이야기한다.

이 상황에 대비하는 가장 좋은 방법은 이번 생을 지내는 동안 우리를 지배하는 번뇌 에너지에 편안해지는 연습을 가능한 한 많이 하는 것이다. 이 과정을 거치는 동안 우리 자신의 불부족이 지닌 깨어남의 성질이 서서히 모습을 드러낼 것이다. 그런 다음에 이 깨어남의 성질이 다르마타 바르도를 지나는 동안 순수한 형태로 나타날 때 그것과 하나 되는 더 좋은 기회를 가질 수 있다. 가령 나의 주된 번뇌가 갈애라고 하자. 이때 나는 갈애의 에너지를 거부하는 대신, 거기에 편안해지는 연습으로 연화부의 지혜가 지닌 연민과 따뜻한 마음을 발견할 수 있다. 이 연습을 충분히 자주 해서 그 지혜에 익숙해질 때, 그 바르도에서 아미타불의 붉은색 빛을 인식하고는 그에 자연스럽게 다가가 그 속으로 편안하게 이완해 들어갈 수 있다. 만약 그렇게 되지 않는다고 해도 너무 걱정할 것은 없다. 나는 활짝 열린 연화부 자아와 아직 친구가 되어가는 중이기 때문이다.

바르도에서 우리가 만나게 되는 구체적인 모습은 우리가 속한 문화의 방향과 신념 체계에 큰 영향을 받는다는 사실을 알아야 한다. 가령 기독교인은 여러 성인의 모습을 볼 것이다. 어느 남자는 나에게 자신은 종교 신앙이 없으므로 아마도 여러 마리의 어여쁜 토끼를 보지 않을까 하고 이야기했다. 그럴 수도 있고 그러지 않을 수도 있다. 결코 알 수 없는 일이다.

　만약 당신이 붓다들에 관한 설명을 연구하고 불교의 신들을 그린 탱화를 보는 데 오랜 시간을 보내지 않았다면 가르침에서 말하는 대로 부처들과 신들을 보게 될 가능성은 별로 없을 것이다. 다양한 티베트의 텍스트 사이에도 차이점이 보인다. 세부 사항에 너무 집착하기보다 여기서 기억해야 할 주요 핵심은(이것은 이 모든 가르침에 공통되는 핵심이기도 하다) 지혜의 존재들을 우리의 신경증에 깃든 깨어남의 성질을 체현한 형상으로 간주하는 것이다. 이때 우리 자신의 번뇌 에너지를 외면하거나 그에 맞서 위축되지 않는 데 익숙해져야 한다. 그러면 이 깨어남의 에너지를 우리 자신의 참 본성과 분리되지 않게 만드는 기회를 가질 수 있다. 이 에너지는 이제 더 이상 우리가 희망과 두려움으로 반응하는 외부의 시각 대상이 아니다.

　『티베트 사자의 서』에 따르면 다르마타의 바르도에서 보이는 시각 대상은 12일 동안 지속된다고 한다. 그러나 여기서 '하루'는 이번 생의 바르도에서 인간이 하루를 지내는 24시간을 말하는 것이 아니다. 스승 대부분은 이날들을 열린 알아차림에서 마음을 편안하게 쉴 수 있는 기간으로 정의한다. 이 경우에 하루는 손가락 한 번 튕기는 데 걸리는 정도의 짧은 시간일 수도 있다.

다르마타의 바르도에서 나타나는 모습들은 우리 마음의 투사이다. 그렇다고 해서 그것이 우리가 지금 경험하고 있는 것보다 덜 현실적으로 보이는 것은 아니다. 우리의 마음은 언제나 투사를 하고 있다. 트룽파 린포체는 "그저 자기 스스로 투사한 것인 외부 현상을 두려워하는 사람들"에게 커다란 연민심을 느낀다고 말한 적이 있다. 가령 일상의 차원에서 우리는 특정 사람이나 특정 집단에 대해 우리가 투사하는 내용들이 전혀 근거가 없는 것임을 알 수 있다. 우리가 갖는 편향된 투사 중 많은 것이 믿을만하지 못하다는 것을 우리는 안다. 우리는 바위를 무서운 호랑이로 착각한다.

다르마타의 바르도에 있는 동안 우리의 하늘 같은 마음은 일시적으로 우리의 습관, 편견, 이야기 등의 구름에 조금도 걸려들지 않는다. 여기서 우리가 하는 투사는 일상생활에서 마주치는 사물에 대해 갖는 만큼의 밀도와 강도를 갖지 않는다. 다르마타의 바르도에서 하는 투사는 무지개에 더 가깝다. 다섯 부처와 그들의 빛나는 모습들은 우리가 평소에 느끼는 혼란스럽고 이중적인 마음의 결과물이 아니다. 그들은 말로 표현하기 어렵고, 편견에 치우치지 않은, 그리고 비이원적인 우리의 참 본성에서 나온다.

다르마타의 바르도에서 투사된 각각의 신들은 온전한 깨어남을 위한 서로 다른 기회를 제시한다. 우리가 가장 크게 공명하는 불부족이 우리에게 최상의 기회를 제공하겠지만 모든 신들이 깨달음으로 들어가는 잠재적인 문이라고 할 수 있다. 그 신들 중 어느 하나와 합일한다면, 언뜻 외부에 있는 듯해도 자신의 깊은 본성과 분리되지 않은 어떤 형태로 우리 자신의 지혜와 다시 연결되는 것과 같다. 이번 생의 예측 불가능하고 딛고 설 토대가 없는 이 모습들에 열린 채로 머무는 연습을 충분히 한다면, 다르마타의 바르도에서도 열린 마음으로 머물면서 온전히 깨어나는 본능을 가질 수 있을 것이다.

18

신성한 세계에 열리다

『티베트 사자의 서』는 금강승(Vajrayana)이라는 불교 가르침의 범주에 속한다. 금강승이 다른 다르마의 접근 방식과 다른 점은 결과를 그 결과에 이르기 위한 길로 삼는다는 점이다.

일반적으로 길은 한 장소에서 다른 장소로 이동하는 목적으로 걷는다. 길이 시작되는 곳에서 발을 내디뎌 길을 따라가면 당신이 의도한 최종 목적지에 이른다. 그러나 깨어남에 이르는 금강승의 길은 이것과 다르다. 금강승에서는 당신이 지금 있는 곳, 그곳을 이미 최종 목적지로 여긴다. 다시 말해, 당신은 이미 깨어난 존재다. 해야 할 일은 이미 다 했다. 사실, 한 번도 하지 않은 적이 없었다. 당신에게 남은 일은 이 사실을 인식하고 온전히 인정하는 것뿐이다. 당신은 이것을 '미션 임파서블(불가능한 임무)'이라고 여길지 모르지만 그렇지 않다.

금강승의 모든 수행법은 이런 관점에 토대를 둔다. 금

191

강승의 길은 수많은 수행법을 제시하는데, 그중 많은 것이 시각화와 관련이 있다. 가령, 당신은 자신이 깨달음의 만다라 한가운데 위치한 부처라고 상상한다. 당신이 만나는 모든 사람, 당신이 보는 모든 사물이 신이며 깨달은 형상의 현현이다. 당신이 듣는 모든 소리가 신성한 만트라이며, 깨달은 말소리의 현현이다. 그리고 당신이 생각하는 모든 것이(당신의 마음에서 일어나는 모든 움직임이) 깨달은 마음이 겉으로 드러난 것이다.

이 수행을 통해 우리는 자기 경험에 나타나는 모든 것을 신성하게 보는 연습을 하게 된다. 이 연습을 하는 내내 우리는 자신이 신성한 세계에 살고 있음을(그리고 지금까지 계속해서 신성한 세계에 살아 왔음을) 알게 된다. 그런데 여기서 '신성한'이라는 단어는 '종교적'이라는 의미가 아니다. 그밖에 '신성한'이라는 단어는 '고귀한' 또는 '축복받은' 분위기도 담고 있다. 다른 이로부터 축복을 받는 것이 아니라 그 자신의 본성으로 축복받는다는 의미이다.

금강승의 수행법은 심오하고 오묘해서 잘못 이해하기 쉽다. 따라서 자격과 경험을 갖춘 스승의 직접 지도로 공부하는 것이 필수적이다. 이런 스승들은 당신을 깨달음의 본성에 깨어나게 하는 것 외에 다른 목적이 없다. 그렇지만 기본적인 개념에 대해 숙지하고 있으면 죽음과 바르도에 관해 보다 긍정적이고 낙관적인 전망을 하는 데 도움이 되므로 여기서 그것을 소개하고자 한다.

우리가 사는 세상이 신성한 세계이며, 우리가 만나는 모든 사람이 신이라고 할 때 이것은 우리의 실제 경험에서 볼 때 과연 무엇을 의미하는 것일까? 모든 사람이 종교 성화에 그려진, 빛을 내는 존재로 보인다는 의미일까? 창밖에서 들리는 시끄러운 차 소리마저 천상의 찬송가로 들린다는 뜻일까?

단순한 일상의 차원에서 볼 때 신성한 세계는 우리가 판단과 두려움이 아니라 열림과 호기심의 태도를 보일 때 시작된다. 아침에 잠에서 깰 때 당신은 "오늘 하루도 끔찍할 걸 이미 알고 있어"가 아니라 "오늘 무슨 일이 일어날지 정말 기대돼"라고 생각할 수 있다. 이때 당신의 태도는 실망이나 슬픔을 드러내는 '아이고'가 아니라 '어떤 일에도 준비가 되어 있어'일 것이다.

우리가 보고 듣고 생각하는 모든 것에 깃들어 있는 근본적인 선함을 알아보는 연습으로 이런 열림과 호기심의 태도를 계발할 수 있다. '근본적 선함'이란 우리가 평소 생각하는 이원적 의미의 '선과 악'을 말하지 않는다. 모든 것이 지혜의 표현이라는 의미다. 우리는 모든 것을 있는 그대로 놓아둘 수 있다. 모든 것을 그에 찬성하거나 반대하지 않은 채로 놓아둘 수 있다. 옳고 그름, 즐거움과 불쾌함, 추함과 아름다움이라는 이름표를 붙이지 않고, 있는 그대로 둘 수 있다. 이것이 근본적 선함의 태도이다. 우리의 자아가 좋아하고 싫어하는 것을 좇기보다 모든 현상을 있는 그대로 즐기는 법을 배울 수 있다. 모든 것을 우리의 습관과 경향성이라는 필터를 통해 보는 대신, 우리가 사는 세상을 있는 그대로 볼 수 있다. 선구적인 불교 번역가 허버트 궨터(Herbert Guenther)는 이것을 두고 '기적의 분위기가 깃든 세상을 경험하기 시작한다'고 표현했다.

다르마타의 바르도에 들어갈 때 우리는 몽롱한 상태에서 일시적으로 벗어나 현상의 참 본성과 순간적으로 만난다. 이것은 지극히 밝은 빛이나 생생한 형상으로 모습을 드러낸 뒤 다섯 불부족의 모습을 갖추어간다. 아니면 다양한 종교 신앙과 관습에 익숙한 사람들에게는 그에 따라 그것과 비슷한 형상으로 나타날 수도 있다. 이때 우리의 근본적인 선함을 있는 그대로 만나게 되며, 커다란 영광으로서의 신성한 세상을 경험하게 된다. 그런데 이때, 있는 그대로의 세상이 지닌 찬란함과 힘에 익숙해 있지 않다면 우리는 분명히 그로부터 고개를 돌려 보다 익숙하고 덜 위협적인 무엇을 찾으려 할 것이다. 이렇게 우리는 완전한 깨어남의 기회를 놓친 상태에서 다음 바르도인 되어감의 바르도로 들어가게 된다. 그곳에서 우리는 보다 친숙한 형상들을 만나게 될 것이다.

되어감의 바르도에 대해 이야기하기에 앞서 다르마타의 바르도에서 매우 중요한 순간에 대해 조금 더 이야기하고 싶다. 다르마타 바르도에서 우리에게는 선택권이 주어진다. 우리는 자신의 깨어난 마음이 던지는 밝은 투사에 가만히 머물 수도 있고, 아니면 더 편안하고 익숙한 것으로 도망갈 수도 있다. 그때 우리가 하는 어떤 선택은 지금 우리의 어떤 선택과 큰 관련이 있다.

인간으로서 우리가 지닌 일반적인 성향은 편안한 상황을 추구하는 것이다. 그리고 일단 편안한 상황을 찾았다면 우리는 어떻게든 거기에 계속 머물고 싶어 한다. 우리는 편안하게 쉬면서 삶을 즐길 수 있는 상황을 좋아한다. 습관적으로 걱정이 없는 상황에 자신을 두고 싶어 한다. 우리는 가족, 연인, 오락, 돈, 음식, 술, 옷, 가구, 햇빛, 칭찬, 명예, 권력, 마우이(하와이 군도의 한 섬)에서 보내는 휴가, 종교 등 끝없는 방식으로 안락함을 구한다.

자신의 안락지대에 머물고 싶은 우리의 바람에는 근본적으로 잘못된 점이 없다. 우리가 사는 세상에서 안전함과 느긋함, 기쁨을 느끼려는 것은 건강한 바람이다. 나 역시 마우이섬의 햇빛과 맛있는 음식을 무척 좋아한다. 가끔 그런 경험을 할 때면 정말로 축복받았다는 느낌이 든다. 우리가 항상 힘에 겨워하고 도전받는다고 느낀다면 그 스트레스와 불안으로 자신에 대한 자애를 경험할 수도, 타인을 향한 따스함과 친절의 마음을 내기도 어려울 것이다. 그럴 때 우리는 신성한 세상을 경험하기는커녕 삶을 긍정적으로 바라보는 것조차 버거울 것이다. 영적인 길을 걸었을 수도 있는 세상의 많은 사람이 그 길을 추구하는 데 필요한 최소한의 안락함과 편안함, 시간마저 부족한 처지에 있다. 그럼에도 불구하고 우리의 삶에는 일정 정도의 안락함이 깃들어 있다는 사실을 매일 알아보는 일은 매우 중요하다. 가령 우리는 적어도 바르도의 가르침에 관한 책을 읽을 정도의 안락함은 누릴 수 있다.

안락함을 추구하는 데 따르는 커다란 문제는 도를 지나치기 쉽다는 것이다. 우리가 원하던 안락함을 얻었다고 하자. 이때 우리는 이것을 우리가 전력으로 추구해야 하는 일로 만들어 버린다. 안락함을 추구하는 게 우리의 가장 중요한 삶의 방식이 되고 만다. 불편함은 어떻게든 피해야 하는 무엇이 된다. 제대로만 한다면 안락지대에 영원히 머물 수 있다고 생각한다. 이것이 '좋은 삶'에 관한 우리의 생각이 되고 만다.

그러다 안락함이 우리 손에서 빠져나가면, 또는 안락함을 준다고 여겼던 것들이 실제로는 불편함을 일으킨다면 자신이 뭔가 잘못했기 때문이라고 여긴다. 부주의하게 실수를 저질렀거나 충분한 정보를 갖지 못했거나 아니면 그저 잘못했기 때문이라고 생각한다. 그러면서 다음번엔 멋지게 해낼 수 있다고 믿는다. 그리고 실제로 다음번에 우리는 더없이 행복하고 만족해 보이는 인스타그램 속 친구와 마찬가지로 멋지게 해낸다. 그러나 우리의 인스타그램 친구 역시 우리와 똑같은 과정을 밟고 있을 가능성이 크다. 그 역시 다른 사람들을 쳐다보며 이렇게 생각했을 것이다.

"나도 '그들처럼' 멋지게 해낼 수 있다면." 그들 역시 우리가 올린 인스타그램 사진을 보고 이렇게 생각하고 있다! 결국, 우리는 누구나 다른 사람에게 순진하고 근거 없는 가정을 똑같이 품고 있다.

따라서 우리는 현실 확인의 과정으로 자신에게 다음과 같은 단순한 질문을 던질 필요가 있다. '인류 역사상 완벽한 안락을 얻은 사람이 한 사람이라도 있었던가? 아니면 그 반대로 불편함을 완전히 피해 간 사람이 한 명이라도 있었던가? 상실, 질병, 실망, 디딜 곳 없는 막막한 느낌을 한 번도 겪지 않은 사람이 있었던가? 죽음을 피할 수 있었던 사람은? 틴레이 노부 린포체가 말한 것처럼 "이 윤회의 세계에 완벽함이란 존재하지 않는다."

우리는 이 질문에 대한 답을 알고 있다. 우리는 우리에게 닥치는 도전과 반갑지 않은 사건들을 피해 갈 도리가 없다. 디딜 곳 없는 막막한 느낌과 죽음을 피할 수 없다. 안락함도 영원히 지속되지 않는다. 삶을 즐기면서 삶이 던지는 어려움에 압도당하지 않는 게 중요하다. 편안하게 이완하며 재충전하는 일도 필요하다. 그러나 어려운 일이 생겼을 때마다 끊임없이 도망간다면 더 이상 숨을 곳이 없다는 사실을 깨닫게 될 것이다.

안락지대 바깥에는, 교육자들이 '도전지대' 또는 '학습지대'라고 부르는 곳이 있다. 당신에게 도전이 주어지는 곳이다. 당신이 원하는 방식대로 되어가지 않는 곳이다. 건강하고 싶지만 몸이 아프고, 좋은 인상을 주고 싶지만 스스로 바보 같은 존재로 만들고 만다. 평화와 고요함을 원하지만, 소음과 혼란이 일어난다. 안락함에 대한 우리의 추구는 어떤 식으로든 좌절될 수 있다. 그렇지만 이런 도전적 상황이야말로 우리의 삶에서 모든 성장이 일어나는 장소이다.

도전지대에 있을 때 우리는 자신이 실제로 어떤 사람인지 더 잘 알게 된다. 이곳은 쉽게 불편함을 느끼는 우리의 경향성이 더욱 분명히 드러나는 곳이다. 우리의 모든 번뇌와 해로운 습관이 올라오는 장소이며, 우리의 자아가 불쑥 올라오고, 우리가 반발하고 흥분하는 장소이기도 하다. 그런데 이곳은 우리가 가진 습관적 패턴에서 벗어나는 황금의 기회가 놓인 장소이기도 하다.

대부분의 시간 동안 우리는 자신의 경향성에 지배당한 채로 산다. 우리는 있는 그대로의 삶과 끊임없이 갈등을 일으키는데, 이것은 우리가 가진 깨끗하고 치우침 없는 마음을 계속해서 가리는 두꺼운 구름과도 같다. 그러나 정식 명상 수련을 통해서든, 일상에서 경험하는 열림의 순간을 통해서든 편안하고 열린 마음이 어떤 것인지 느낄 수 있다면 구름을 걷어내는 바람을 키울 수 있다. 그때가 되면 우리는 불편함과 실망에 대해서도 어느 정도의 감사함을 느낄 것이다. 원치 않는 일과 느낌을 일부러 불러오거나 즐기지는 못해도, 그것들이 저절로 일어났을 때 어떻게 더 잘 활용할 수 있을지 알게 되기 때문이다.

그런데 자신을 일부러 힘겨운 상황에 몰아넣는 경향성을 지닌 이들도 있다. 그러나 이것은 역효과를 부른다. 자기 몸과 마음에 충분히 주의를 기울이지 않을 때 우리는 도전지대를 지나쳐 '고위험지대' 또는 '위험지대'로 자신을 밀어 넣기 쉽다. 이곳은 우리가 감당할 수 없는 불편함과 스트레스가 일어나는 곳이다. 이곳에서 우리는 실제로 어떤 배움도 얻지 못한다. 대신에 우리는 결국 이곳에서 받은 정신적 충격으로 안락지대로 다시 돌아가려는 성향을 보이게 된다. 물론 느닷없이 우리에게 닥친 고위험지대를 최선으로 활용할 수밖에 없는 때도 있지만, 도전을 성장의 도구로 품어 안기 위해서는 자신을 지나치게 힘겨운 상황에 몰아넣어서는 안 된다.

붓다는 영적 수련에 임하는 우리의 자세로서 '중도 (middle way)'를 말하며 지나친 극단으로 치닫지 않도록 유의 해야 한다고 했다. 여기서 한쪽 극단은 안락함에 취하는 것 이며, 또 한쪽 극단은 일부러 위험을 추구하는 것이다. 또 여기서 중도란 우리에게 일어나는 자연스러운 모든 일을 가슴과 마음을 여는 도구로 활용하는 것이다. 일어나는 어 떤 일에서든 우리가 자신의 근본적 선함을 알아보는 연습 을 한다면, 어떤 일이 닥쳐도 우리 자신의 근본적 선함을 키울 수 있을 것이다. 이렇게 하면 점차 지금과 다른 장소 에 서 있는 자신을 보게 될 것이다. 당신은 새로운 이해의 방식을 갖게 될 것이고 시간이 흐르면서 당신 내면의 무언 가가 더욱 깊어질 것이다. 몇 년 동안 보지 못한 친구를 만 나면 그는 이렇게 말할 것이다. "뭔지 모르지만 많이 변했 는데?" 친구들은 더 열려 있고 더 유연한 태도를 보이는 당 신을 알아볼 것이다. 또 예전보다 덜 경직되어 있으며, 예 전만큼 자신을 심각하게 받아들이지 않는 당신을 알아볼 것이다. 자신에게 다가온 도전을 성장의 기회로 삼을 때 그 도전은 자연스러운 방식으로 우리 앞에 펼쳐진다. 이것은 매우 점진적인 과정이어서 당신은 그 일이 일어나고 있다는 사실조차 알아보지 못할 수도 있다. 하지만 당신은 그 일이 매 순간, 매일 펼쳐지고 있음을 확신할 수 있다.

우리가 오랜 시간 반쯤 잠들어 있을 때, 그리고 지금이 어떤 상태이며 어떻게 되어야 한다는 우리의 가정(假定)에 안에서 졸고 있을 때, 삶은 우리에게 가장 큰 도전을 드리운다. 그러다 어떤 사건과 통찰이 우리의 둔감한 마음 상태를 불쑥 비집고 들어와 이렇게 말한다. "깨어나!" 어떤 것도 영원하지 않음을 상기시키는 사건들이 우리에게 일어날 때 이런 효과를 일으킨다. 사랑하는 사람을 잃거나, 갑자기 훌쩍 늙어버린 거울 속의 자기 얼굴을 볼 때 우리는 안락함에서 벌떡 깨어난다. 진실은 우리가 듣고 싶어 하는 것과 다를 수 있다. 그렇지만 우리가 인간으로서 가진 잠재력을 온전히 경험하려면, 어떤 형태로 드러나는 진실이든 그것을 알아보는 정도의 현명함은 지녀야 한다.

일상에서 일어나는 도전들을 반기는 마음 자세를 조금씩 키워갈 때 우리가 매일매일 하게 되는 경험들도 더 편안해지고 즐거운 것이 된다. 우리에게 일어나는 뜻밖의 일과 우리에게 다가오는 불확실성을 더 편하게 대할 수 있으며, 이전에 고위험지대에 속했던 상황으로 더 편안하게 들어갈 수 있다. 죽을 때가 되어서는 바르도의 가르침에서 말하는 눈부시고 혼란스러운 경험에 더 잘 준비할 수 있다.

다르마타 바르도의 눈부신 빛은 날것 그대로의 타협 불가능한 실재가 내는 빛이다. 말했듯이 자신의 주된 불부족 에너지에 친숙해지는 것은 큰 도움이 된다. 이번 바르도에서 날것 그대로 나타나는 불부족 에너지가 날것 그대로 나타났을 때 그것과 하나 되어 우리가 가진 깨어남의 본성을 실현할 수 있기 때문이다. 그렇지만 이렇게 생각할 필요는 없다. "나는 연화부에 속하니까 붉은빛을 찾아야 해." 또는 "나는 갈마부에 속하니까 눈에 불을 켜고 불공성취불을 찾을 거야." 다르마타의 바르도는 좋은 성적을 얻기 위한 시험이 아니다. 삶의 모든 영역에 활짝 열리는 습관을 키우는 것에 더 가깝다. 맛있는 음식, 편안한 잠자리 등 우리를 삶으로부터 고개를 돌려 멍한 상태로 만드는 탈출로가 아니라 삶의 그곳에 이르는 쭉 뻗은 직선로를 가는 것이다.

지금 어떻게 사느냐가 우리의 죽는 방식을 결정한다. 만약 우리가 기꺼이 도전지대에서 지낸다면 바르도를 맞이할 때도 우리는 용감한 마음으로 온갖 두려움에서 벗어날 수 있을 것이다. 그러지 않고 우리가 맞이한 도전으로부터 습관적으로 고개를 돌린다면, 우리는 가장 편한 길만 가려고 할 것이다. 이 경우 우리는 살아 있는 생명체의 대부분이 죽을 때 거치는 되어감의 바르도에 오를 것이다. 그런데 되어감의 바르도에도 좋은 소식이 있다. 그것은 깨어날 수 있는 더 많은 기회가 아직 남아 있다는 점이다.

19
열림에서 구체성으로: 영원한 패턴

붓다에 따르면 모든 것이 완전히 사라지는 법은 결코 없다. 인간에서 작은 벌레, 눈에 보이지 않는 영혼에 이르기까지 모든 살아 있는 존재가 완전히 깨어날 잠재력을 언제나 갖고 있다. 모든 존재가 이런 잠재력을 가졌다는 사실이 얼마나 놀라운가!

미리부터 죽음을 준비하지 않은 자는 누구나 죽어감의 바르도와 다르마타의 바르도를 지나는 동안 깨어남을 이룰 기회가 순식간에 지나가서 알아보지 못할 것이다. 당신이 운전하는 동안 벌레 한 마리가 차 유리창에 부딪혔다고 하자. (매우 특별한 벌레가 아닌 한) 이 벌레는 빛이나 신을 전혀 알아보지 못한 채, 즉각 다음 바르도인 되어감의 바르도로 이동할 것이다. 그곳에서 그 벌레는 자신이 가진 경향성 때문에 윤회 세상 중 한 곳에서 다음 생을 맞이할 것이다.

되어감의 바르도에서 우리가 하는 경험은 꿈속에서 하는 경험과 완전히 같다고 한다. 꿈을 꾸는 동안 우리의 몸이 어딘가로 이동하는 것도, 우리의 몸이 실제로 무엇을 행하는 것도 아니다. 우리의 몸은 그저 침대에 누워 잠들어 있다. 하지만 이 상태에서도 우리는 진짜처럼 느끼는 생생하고 활발한 경험을 할 수 있다. 이것은 '멘탈체(mental body)'라고 하는 정신적인 몸을 우리의 마음이 투사하기 때문이다. 이 정신적인 몸은 우리의 육체적 신체가 하는 일이면 무엇이든 할 수 있다. 또 깨어 있을 때의 몸보다 땅을 덜 딛고 있기에 놀라운 일들을 많이 행할 수 있다.

꿈속에서 우리는 기적을 행할 수 있다. 하늘을 날고 벽을 뚫고 지나가며 고체로 된 신체적 몸으로는 불가능한 공간과 환경에 있을 수 있다. 되어감의 바르도에서 우리는 바로 이런 상황에 있게 된다. 멘탈체가 더 이상 물리적인 어떤 것에도 묶여 있지 않으므로 놀라운 일들을 행할 수 있다. 그러나 이 바르도의 경험은 우리에게 흥분감을 주기보다 불안정한 상태에 더 가깝다고 한다. 강한 바람에 휩쓸려 가는 느낌이다. 대부분 존재는 취약하고 불안한 이 상태에서 얼마간 시간을 보낸 뒤 새 몸을 찾아야 한다는 생각을 강하게 갖는다고 한다.

죽음으로부터, 죽음과 다음 생의 중간 상태를 거쳐, 다음 생으로 태어나는 경험은 우리가 일상에서 잠에 떨어져 꿈을 꾼 뒤 다음 날 깨어나는 경험과 아주 비슷하다고 한다. 잠에 떨어질 때는 임종 시와 비슷하게 우리의 다섯 감각 기능이 하나씩 줄기 시작한다. 밤마다 우리 몸의 분해 과정이 일어난다고 할 수 있다. 이 분해 과정의 마지막에 이르면 잠깐의 시간적 틈을 경험하는데, 이것은 죽을 때 어머니 빛이 다가오는 것과 매우 비슷하다. 이때가 바로 공간이 완전히 열리는 순간이자 무한한 가능성을 지닌 순간이다. 이 틈은 매우 순식간에 지나가 버려 우리들 대부분이 이것을 알아보지 못한다. 하지만 잠이 드는 동안 알아차림을 유지할 수 있는, 수련이 깊은 수행자는 이 빛을 알아보고 거기에 머물 수 있다.

이 열린 공간으로부터 첫 번째 형상에 대한 암시가 일어난다. 우리가 다르마타의 바르도에서 경험하듯이, 이 암시는 자아가 사라진 우리 마음의 성질이 투사된 것이다. 이 모습들은 매우 미묘하고 순식간에 지나가서 놓치기가 매우 쉽다. 여기서부터 우리는 꿈의 세계로 들어가는데, 꿈의 세계에서 우리가 만나는 대상은 더 분명한 실체를 갖는다. 우리의 멘탈체는 계속해서 감각 경험을 하는데, 이 경험들은 일상의 논리에서 볼 때 이해되지 않지만, 우리는 지금 일어나고 있는 일이 실제라고 믿으며 우리가 가진 경향성에 따라 거기에 반응한다. 그리고 이 모든 것은 되어감의 바르도에서 일어나는 일과 비슷하다.

그러다 아침에 잠에서 깨면 우리가 지닌 평소의 다섯 감각이 다시 돌아오며, 우리 자신 또한 신체적 몸으로 돌아온다. 이것은 우리가 다음 생을 받아 태어나는 것과 비슷하다. 지난밤, 그 전날, 그리고 그 이전의 밤과 낮에 했던 우리의 모든 과거 경험은 영원히 사라진다. 이처럼 우리는 수많은 방식으로 새로운 시작, 새로운 삶을 갖는다.

열린 상태에서 구체적 상태로 이동하는 이 패턴은 이번 생의 자연스러운 바르도를 거치면서 수많은 방식으로 반복된다. 실제로 이 과정은 하루 동안에도 끊임없이 일어나고 있다. 모든 순간이 마지막에 이르는데, 그 마지막 또한 일종의 죽음이라고 할 수 있다. 어떤 것이 존재했었지만 지금은 더 이상 존재하지 않는다. 그리고 그다음 사건이 일어나기 전에, 완전한 열림과 무한한 가능성을 지닌 틈이 생긴다. 이 가능성의 공간으로부터 날것 그대로의 에너지가 일어난다. 이것은 다음에 어떤 일이 일어날지 보여주는 미묘한 암시이다. 그런데 이 에너지는 거의 즉각적으로 굳어지고, 다음 순간의 우리 경험이 탄생한다.

아주 미세한 차원에서 볼 때 우리의 정신적, 감정적, 신체적 경험 중 어떤 것도 한순간보다 오래 지속되는 것은 없다. 우리가 똑같은 라일락꽃의 향기를 계속 맡는 것처럼 보여도, 그리고 똑같은 분노를 한순간에서 다음 순간까지 계속 느끼는 것처럼 보여도 실은 그렇지 않다. 만약 우리가 계속해서 이어지는 삶의 미묘한 움직임을 관찰할 수 있을 만큼 충분히 속도를 늦춘다면, 모든 것이 끊임없이 유동하는 상태에 있으며 거기에 수많은 틈이 존재한다는 사실이 분명히 드러날 것이다.

우리는 명상 방석에 앉아 이것을 실제로 확인할 수 있다. 가령 우리는 지금 단단하고 연속적인 분노에 사로잡혀 있다고 느낄 수 있다. 그러나 자세히 들여다보면 분노는 언뜻 보이는 것처럼 단단하고 고정된 단일체가 아님을 알게 된다. 다른 번뇌와 마찬가지로 분노 역시 일어났다 사라짐을 반복한다. 분노는 신체 여러 곳에서 나타나며, 게다가 분노를 경험하는 동안에도 분노 아닌 다른 곳으로 주의가 완전히 이동하면 더 이상 분노를 느끼지 않는 순간이 오기도 한다.

경험이 많은 수행자는 이 과정에서 일어나는 모든 단계를 알아차린다. 그는 한순간의 끝과 다음 순간의 시작뿐 아니라 그사이에 일어나는 에너지도 모두 알아차린다. 티베트불교 용어로 이 세 단계 패턴을 '세 가지 카야(kaya)'의 차원에서 표현한다.

산스크리트어 '카야(kaya)'는 문자 그대로는 '몸'을 의미하지만 여기서는 매우 미세한 차원에서 거친 차원에 이르는, 실재의 다양한 차원에 대해 말하고 있다. 다르마카야(Dharmakaya)는 모든 형상이 만들어지는 근본적인 공간을 가리키며, 삼보가카야(Sambhogakaya)는 우리의 일상 경험을 구성하는 고정된 형태 이면에 존재하는 에너지적인 측면과 미세한 형상을 말한다. 그리고 니르마나카야(Nirmanakaya)는 우리의 일상적인 감각 기능으로 지각할 수 있는 구체적인 현상을 가리킨다.

어떤 관점에서 보면 세 가지 카야는 매 순간 반복되고 있는 단계들이다. 그렇지만 세 단계 모두가 언제나 존재한다고 말할 수도 있다. 모든 가능성을 지닌 열린 공간에서는 항상 에너지의 가능성이 존재한다. 공간과 에너지라는, 실재의 두 가지 차원은 언제나 구체적인 형상으로 나타난다.

더 큰 차원에서 우리는 세 가지 카야를 바르도에서의 깨어남을 위한 세 가지 주요한 기회로 연결할 수 있다. 죽음의 순간에 열려 있고 텅 비어 있는 어머니 빛과 하나가 될 기회는 곧 우리 본성의 다르마카야 측면과 하나 되는 기회이기도 하다. 다르마타의 바르도에는 밝은 빛과 하나 되는 가능성, 평화롭고 화난 신들과 하나 되는 가능성이 존재하고 있다. 이 에너지 모습들은 우리 본성의 삼보가카야 측면이 드러난 것이다.

마지막으로, 되어감의 바르도에서 우리는 우리 본성의 니르마카야 측면이 꿈처럼 드러난 모습과 만나게 된다. 이 단계에서는 즉각적인 깨달음의 기회는 더 이상 없지만 '순수한 영역'이라고 부르는 곳으로 들어갈 수 있다. 아니면, 이번 생을 사는 동안 잘 준비했다면 다음 생에 어디에서 어떤 형태로 태어날지 어느 정도 통제권을 가질 수 있다.

20

되어감의 바르도에 들어가기

『티베트 사자의 서』에서는 우리가 만약 다르마타 바르도에서 갖게 되는 깨어남의 짧은 기회를 놓치면, 무의식 상태로 이동한 뒤 되어감의 바르도에서 깨어난다고 말한다. 그리고 되어감의 바르도는 최장 49일간 지속된다고 한다. 여기서 '되어감(becoming)'이라는 단어는 우리 여정의 이 시점에서 우리가 그 어떤 것도 될 수 있다는 생각을 표현하고 있다. 우리는 살아 있는 생명체가 존재하는 곳이면 어떤 생명 존재로도, 어떤 장소에도 다시 태어날 수 있다. 죽음과 태어남의 이 중간 상태를 '되어감의 업 바르도(karmic bardo of becoming)'라고 한다. 우리가 지은 업에 강하게 이끌린다는 점에서 이런 이름을 붙였다. 다시 말해 우리가 지금부터 가게 될 방향은 지금까지 우리가 행동과 말, 생각으로 지은 모든 업과 이 행위들이 우리 마음에 남긴 영향에 따라 결정된다.

　다시 말하지만, 이것은 티베트의 세계관으로 당신은

여기에 동의할 수도 있고 동의하지 않을 수도 있다. 그렇지만 이번 생만 놓고 보더라도 우리가 자기 몸과 말, 마음으로 행한 행위를 통해 우리가 살아갈 미래의 실재를 끊임없이 만들어가고 있음을 알 수 있다. 가령 다른 사람에게 쏘아붙이거나 자기를 비하하는 등으로 번뇌에 휩쓸릴 때마다 우리는 자기 파괴적인 습관을 강화하며, 있는 그대로의 삶과 더욱 화해하지 못하게 된다.

우리 내면의 이런 갈등은 우리가 사는 외부 환경에도 그대로 반영된다. 자신의 해로운 경향성을 그냥 놓아둘 때 우리가 사는 세계도 점점 더 우리에게 비우호적이 될 것이다. 심지어 적대적으로 변할 수도 있다. 반면에 우리가 가진 지금의 능력으로 최선을 다해 날마다 자기 가슴과 연결하고 마음을 여는 노력을 한다면, 우리가 처할 외부 상황과 우리가 만나는 사람도 우리에게 더 우호적으로 되며 더 반길 것이다. 이런 식으로 삶의 한가운데 있든, 아니면 이번 생과 다음 생의 중간 상태에 있든, 우리는 언제나 자신의 업에 이끌려가고 있다. 우리는 언제나 '되어감'의 과정에 있는 것이다. 트룽파 린포체가 자주 말했듯이 "미래는 활짝 열려 있다."

전통적 가르침에 따르면, 되어감의 바르도에 들어갈 때 우리의 멘탈체는 꿈을 꿀 때처럼 모든 것을 생생하게 느끼며 경험한다. 다르마타의 바르도에서 우리는 아주 잠깐 자아라는 필터를 거치지 않고 실재의 참 본성을 경험하지만, 되어감의 바르도에서는 우리가 지닌 모든 습관적인 패턴이 다시 돌아온다. 우리가 사는 세계가 온통 바뀌었다 해도 익숙한 자아 감각으로 다시 돌아오고 만다. '다른 모든 것과 구별되는 개별적 존재로서의 나'라는 느낌을 다시 갖는 것이다. 이때 우리는 자신이 이해할 수 있는 세상에 존재하게 되며, 우리가 죽었다는 사실조차 알지 못할 가능성이 크다.

당신은 꿈속에서 했던 것처럼 육체적 몸의 한계를 벗어날 수 있다. 당신이 노령으로 죽었거나 청력과 시력이 쇠퇴했다 해도 이제 당신의 모든 감각은 그 기능을 제대로 발휘한다. 생의 마지막에 이르러 당신의 몸이 뻣뻣하거나 허약해졌다 해도 당신의 멘탈체는 이제 가볍고 활기찬 상태에 있다.

되어감의 바르도에서는 당신의 지각이 죽기 전의 지각보다 7배나 더 명료하다고 한다. 당신은 살아 있는 사람들의 마음을 읽을 수 있으며, 그들이 당신에 관하여 어떻게 생각하는지도 들을 수 있는데 이것은 당신에게 커다란 괴로움을 일으킬 수 있다. 가령 당신이 사랑하는 가족들이 당신이 가진 돈에 눈독을 들이며 서로 싸우고 있음을 알게 되는 수도 있다. 그들이 살아생전 당신의 인색함을 안 좋게 말하는 것이 귀에 들릴 수도 있다. 또 누가 얼마를 가질 것인가에 대해 서로 다툼을 벌일 수도 있고, 당신이 소중히 여겼던 물건을 경멸할 수도 있다. 당신이 소중히 간직한 물건을 가져가 쓰레기더미에 던져버릴지도 모른다.

이런 이유로, 죽기 전에 자신이 가진 소유물을 나누어주거나 자신이 바라는 바를 유언장에 분명히 적어둘 것을 권한다. 죽음에 이르러 우리를 불편하게 만드는 것들이 적으면 적을수록 좋을 것이다. 바로 지금 우리가 좋아하는 것, 우리의 소유물에 대한 집착을 내려놓으면 내려놓을수록 더 좋을 것이다.

나의 친한 친구 중에 자신이 죽은 뒤 그녀의 소유물 중 어떤 것을 누가 얼마나 가질 것인가에 관하여 아주 정확한 목록을 작성한 친구가 있다. 그런데 실수로 자신의 진주목걸이를 두 사람에게 가져도 좋다고 말했다. 그녀는 이 일로 일어난 불쾌한 느낌을 지켜보기 힘들어했다. 내 친구는 아마도 되어감의 바르도에서 이 광경을 내려다보았을 것이다. 그러면서 자신이 신중하게 작성한 계획이 엉망이 된 것에 마음이 크게 불편했을 것이다!

자신의 소유물에 매우 집착하던 또 한 친구는 죽기 전에 자신이 가진 모든 것을 사람들에게 나눠주기로 작정했지만 끝내 그 물건들을 내어주지 못했다. 결국 그녀가 죽은 뒤에 그녀의 소유물이 너무 많아 친구들이 처리하기 곤란할 정도가 되었다. 친구들은 커다란 불을 피우고는 그녀의 소유물이 담긴 상자를 통째로 불에 집어넣었다. 오랜 시간 간직했던 소중한 사진들이 이제 누구에게도 의미가 없는 물건이 되어 불 속으로 사라졌다. 이 이야기가 주는 교훈은 당신이 할 수 있는 동안에 '이번 생에 대한 집착을 모두 내려놓으라'는 것이다. 이런 식으로 바르도에서 당신을 불편하게 만드는 일이 크게 줄어들 수 있다.

나는 죽을 때 고요하게 죽고 싶은 나의 소망을 글로 적어두었다. 하지만 최근에는 이 소망에 너무 집착하면 고요하게 죽지 못할 때 실망감이 무척 클 수 있다는 생각이 문득 들었다. 죽을 때 내가 가장 원하지 않는 것이 시끄러운 소리 때문에 정신을 잃는 것이다!

되어감의 바르도에서 당신이 제일 먼저 하는 일은 이전에 당신이 살던 장소에 돌아가는 것이라고 한다. 그곳에서 당신은 가족들을 보게 될 것이다. 가족들은 울고 있다. 당신은 가족들이 왜 우는지 모른다. 혼란스럽다. 가족들과 이야기를 나누려고 하지만 그들은 대답이 없다. 그러다 가족들이 지금 당신이 거기 있다는 사실조차 모르고 있다는 데 문득 생각이 미친다. 『티베트 사자의 서』에서는 이때 당신이 느끼는 고통이 '뜨거운 모래에 뒹구는 물고기가 느끼는 고통'만큼 크다고 한다. 이런 이유로 그 가르침은 우리가 아는 누군가가 죽었다면 죽은 직후에 그에게 죽었다는 사실을 계속 상기시켜야 한다고 말한다. 그렇게 하면 죽은 이가 느끼는 혼란이 줄어들 것이고, 지금 일어나고 있는 일을 받아들이는 데도 도움이 된다. 우리는 죽은 이들에게 우리가 그들 몸 곁에 있으며 나중에 멀리서라도 곁에 있을 수 있다고 상기시켜 줄 수 있다. 그들이 죽었다는 사실을 말해 주지 않는다면 그들은 그 사실을 깨닫지 못한 채 오랜 시간을 방황할 것이다.

되어감의 바르도에 있을 때 우리의 생명은 매우 불안

정하다고 한다. 어떤 장소를 생각하는 것만으로 즉시 그 장소에 나타날 수 있다. 브루클린을 떠올리면 즉시 브루클린 거리를 걷고 있는 자신을 발견할 것이다. 바로 다음 순간 케냐를 떠올리면 당신은 케냐의 어떤 집에 있게 될 것이다. 이 경험은 어떤 때는 즐겁고 어떤 때는 그러지 못하다. 어쨌거나 전반적인 느낌은 혼란스럽고 지치는 느낌이다. 잠시도 쉴 기회가 없다. 이렇게 시간이 지나면 당신은 신체적 몸을 점점 더 갈구하게 된다.

사람들은 이 바르도가 매우 희미하다고 말하는데, 이것은 나에게 불편한 생각을 일으킨다. 당신은 비슷한 시기에 죽은 다른 바르도 존재들을 볼 테지만, 아주 잠깐만 그들과 이야기를 나눌 수 있다. 왜냐하면 모두가 계속해서 이동 중이기 때문이다. 그런데 만약 당신이 자신을 불편하게 만드는 모든 것에서 도망가는 습관을 갖고 있다면 이 바르도에서도 당신은 계속해서 도망을 다닐 것이다. 이 전통에서 일반적으로 하는 방식은 아니지만, 나는 죽은 친구들과 종종 대화를 나눈다. 친구들이 죽은 뒤 내가 49일 동안 그들과 대화를 나누는 목적은 그들이 죽음 뒤의 단계로 자연스럽게 옮겨가는 데 도움이 되었으면 하는 바람에서다. 내가 친구들에게 주는 주된 조언은 이런 것이다. "도망가지 마라. 속도를 늦추어라. 무엇이든 서두르지 마라. 네가 무서워하는 것과 직면하라." 이것은 죽음뿐 아니라 우리의 삶에도 적용할 수 있는 적절한 조언이다.

어떤 독자는 나의 책 『모든 것이 산산이 무너질 때 (When Things Fall Apart)』에서 나의 어릴 적 친구 수지가 계속해서 악몽을 꾼 것에 관한 이야기를 소개한 것을 기억할 것이다. 우리가 열 살쯤이었을 때 수지는 매일 밤 괴물들에게 쫓기는 악몽을 꿨다. 어느 날 내가 수지에게 꿈속의 괴물들이 어떤 모습이냐고 물었다. 수지는 대답하지 못했는데, 너무 무서운 나머지 계속해서 도망만 다녔기 때문이었다. 내 질문에 호기심이 생겼던 수지는 바로 다음 날 밤에 용기를 내어 자신을 쫓던 괴물들을 돌아보았다. 온몸이 떨렸지만 수지는 전에는 상상도 못 했던 일을 해냈다. 수지는 괴물들을 똑바로 쳐다보았다. 처음에 수지를 쫓아오던 괴물들이 그녀가 똑바로 쳐다보자 흔적도 없이 사라져버렸다. 그러자 악몽도 더 이상 꾸지 않았다. 이것은 되어감의 바르도에 있을 때 우리가 기억해야 하는 중요한 이야기다.

되어감의 바르도에서 있을 때 그 분위기는 종종 무섭

게 느껴진다. 왜냐하면 다양한 요소들이 적의 모습을 하고 나타나기 때문이다. 가령 공기 요소가 적으로 느껴지면 허리케인이나 토네이도가 일어나고, 흙의 요소가 적의를 갖는 것처럼 느껴지면 지진이나 산사태를 겪게 된다. 한편 물의 요소는 쓰나미와 홍수를 불러온다. 이로써 우리는 반복되는 주제로 다시 돌아오게 된다. 일어나는 무서운 사건에 대해 지금 우리가 어떤 식으로 관계 맺느냐가 되어감의 바르도에서 우리가 그 일들과 관계 맺는 방식을 결정한다는 사실이다. 우리가 성찰해야 하는 중요한 사실은 이것이다. 우리는 지금 화를 내면서 타인에 대한 배려의 마음을 잃어버리고 있지 않은가? 아니면 지금 우리가 느끼는 느낌과 다른 사람들이 겪고 있는 것들에 관심을 두고 현존하고자 하는가?

　　바르도에 관한 몇몇 책에서는 세계의 많은 종교에서 말하는 것과 비슷하게 자기 삶을 돌아보고 그때 일어나는 판단을 이야기하고 있다. 바르도에 있을 때 당신은 지금까지 살면서 당신이 했던 일을 모두 보게 된다. 당신이 했던 모든 옳고 그른 행동들, 중요하고 중요하지 않은 모든 행동, 호의적이고 호의적이지 않았던 모든 행동들을 보게 되는 것이다. 이때 이런 판단을 내리는 주체는 다름 아닌 당신의 양심이다. 이 상태에 있을 때 당신은 당신이 했던 행동들과 그 행동들 이면의 동기를 분명히 보게 되는데, 이것은 매우 고통스러운 일이다. 수행자들을 위해 우리는 매달 초승달과 보름달이 뜨는 날에 자신의 생활을 돌아보는데 이 의식을 소종(sojong)이라고 한다. 이 의식을 치르는 목적은 지난 몇 주 동안 그리고 지금까지 살면서 행한 모든 후회할 만한 행동을 최대한 완전하게, 그리고 연민의 마음으로 인정하기 위해서다. 이렇게 하면 죽음 이후에 부끄러워할 일이 남지 않는다. 이렇게 하면 지금껏 직면하지 못하고 내려놓지 못한 일, 그리고 우리를 찜찜하게 만드는 일이 아무것도 남지 않을 것이다.

바르도의 가르침에서 가장 강조하는 핵심 중 하나는 긍정적 사고와 부정적 사고가 지닌 힘이다. 바르도에 있을 때 우리의 의식은 평소보다 매우 예리하다. 그래서 긍정적인 생각 한 번만으로 고통스럽고 두려운 경험이 지닌 힘을 무력화시키고 지금보다 즐거운 장소로 이동할 수 있다. 하지만 그 반대도 진실이다. 한 차례의 부정적인 생각만으로 당신은 별안간 괴로움의 깊은 나락으로 떨어질 수 있다. 물론 이것은 되어감의 바르도에서만이 아니라 바로 지금 우리의 삶에도 적용되는 중요한 문제이다.

이런 이유로 내가 바르도에서 친구들과 대화를 나눌 때면 언제나 그들에게 긍정적으로 생각하도록 격려한다. 가령 당신이 아끼는 사진을 친구들이 불태워 버렸을 때 불평하고 화를 내는 대신에 당신이 사랑하는 사람들과 그들이 좋아하는 장소, 그들에게 영감을 주는 물건들에 대해 생각하도록 권한다. 또 나는 친구들에게 다른 사람들에게 마음을 활짝 열기를 제안한다.

삶과 죽음 사이에 놓인 중간 상태의 존재를 믿든 믿지 않든 우리는 살아 있는 동안 이 가르침을 적용하고 그로부터 이로움을 얻을 수 있다. 지금 여기에서 우리가 하는 생각의 힘은 되어감의 바르도에서 힘만큼 크지 않지만, 우리를 휩쓸어가는 생각이 가진 엄청난 힘을 결코 과소평가해서는 안 된다.

우리는 명상 수행을 통해 부정적 생각이 가진 힘을 무력화시키는 능력을 크게 향상할 수 있다. 나는 오랜 시간 내 경험과 제자들과 나눈 대화를 통해 이것이 사실임을 알게 되었다. 더 많이 수행할수록 지금껏 우리를 휩쓸고 갔던 생각과 감정, 환경에 더 많이 현존할 수 있다. 지금까지 으레 해온 대로 습관적으로 반응하는 대신, 우리는 자신의 마음과 인식에서 일어나는 끔찍한 사건으로부터 점차 적절한 거리를 둘 수 있다. 감정이 일어나는 초기 단계에 그것을 알아보고, 감정의 스토리라인에 힘이 붙어 작은 불씨가 활활 타오르는 파괴적인 불길이 되기 전에 그것을 알아볼 수 있다.

되어감의 바르도에서 우리가 느끼는 디딜 곳 없는 막막함에 대비하기 위해 바로 지금 우리가 할 수 있는 최선은 이번 생에서 느끼는 막막함을 다루는 연습을 하는 것이다. 이것은 죽음 뒤에 우리에게 어떤 일이 일어난다고 믿는지와 상관없이, 삶을 사는 동안에 우리에게 이로움을 줄 것이다. 우리 마음의 경험이 지닌 예측 불가하고 일시적인 성질을 깨달을 때 마주하는 혼란스러운 상황에서 깃털처럼 이리저리 흔들리는 일도 줄어들 것이다. 우리 마음이 지닌 성질과 그 잠재력에 충분히 익숙해질 때, 즉 우리의 마음이 얼마나 놀라운 능력을 갖췄고 얼마나 큰 변화의 가능성과 폭을 지녔는지 알 때, 우리에게 어떤 일이 일어나든 더 큰 선택의 자유를 갖게 될 것이다. 되어감의 바르도에 있을 때처럼 우리의 마음이 엄청나게 속도가 빠르고 불안정하다 해도 자신에게 유익한 방향으로 마음을 인도하는 능력을 갖게 될 것이다.

우리가 살면서 어떤 강렬하고 힘든 경험을 하더라도 가능한 한 거기에 열린 마음으로 현존하는 게 도움이 된다. 이것은 두려움에 빠지거나 도망가는 것보다 우리 자신과 주변 사람들에게 언제나 더 이로움을 준다. 이것은 되어감의 바르도에서도 마찬가지다. 되어감의 바르도에 있을 때 우리가 가진 유일한 안정성은 바로 현존하는 우리의 능력이다. 그리고 바르도에 있는 동안 현존하는 우리의 능력은 죽기 전에 그것을 얼마나 계발했느냐에 달려 있다.

오래전에 캘리포니아의 사원에 머물던 두 스님에 관한 이야기를 들었던 기억이 난다. 두 스님은 워싱턴주 꼭대기에서 캘리포니아주 맨 아래에 이르는 캘리포니아 서해안을 따라 오체투지 하는 길을 나섰다. 그들은 서너 걸음을 걷고 난 뒤 무릎을 땅에 대고 엎드려 손과 이마를 바닥에 댔다. 그런 다음 다시 일어나 몇 걸음 걷고는 다시 오체투지를 하는 식으로 수백 마일을 이어갔다.

두 스님의 의도는 오체투지 여정에서 그들에게 일어

나는 모든 일을 자신의 마음이 투사된 현상으로 바라보면서, 자신들이 만나는 모든 일을 마음에서 일어나는 일과 연결하려는 것이었다. 이것은 활짝 열린 용기 있는 태도로 그들은 이런 마음의 태도를 소망했다. 그들에게 일어나는 모든 일이 그들 자신과 분리되어 있지 않았고, 그들이 처한 주변 환경 사이에도 구분이 없었다. 두 스님은 그들에게 일어나는 어떤 일이든 자신들의 마음과 별개로 일어나지 않는다는 사실을 공부와 수행을 통해 이해했다.

두 스님은 두려움 없는 마음을 계발하는 여정에 나섰다. 그런데 그것은 사랑과 연민, 우리의 상호연결성에 대한 깊은 감각을 계발하는 여정이기도 했다. 그들이 나선 여정은 또한 바르도를 지나는 여정을 준비하는 훌륭한 과정이기도 했다.

오체투지를 통해 두 스님은 붓다를 축복할 뿐 아니라 그들 자신의 모든 경험에도 축복을 전했다. 그들 자신을 포함해 그들이 만난 모든 일과 사람들에게 축복을 전한 것이다. 그들은 다른 어떤 것보다 아스팔트 도로와 자갈을 가장 많이 보았을 테지만, 그것은 중요하지 않았다. 모든 것이 그들 오체투지의 대상으로 가치가 있었다.

마침내 그들의 여정은 로스앤젤레스의 어느 마을을 지나게 되었다. 가사를 입고 머리를 깎은 두 스님의 매우 이상한 행동을 본 한 무리의 젊은이들이 스님들을 둘러쌌다. 그들은 두 스님을 놀리고 비웃으며 겁을 주었다. 어느 젊은이는 날카로운 금속 조각을 집어 들고는 무기를 휘두르듯이 두 스님 앞에서 위협적으로 휘둘러댔다.

　　두 스님 중 한 사람은 너무도 무서운 나머지 땅에 대었던 무릎이 떨어지지 않아 일어설 수조차 없었다. 어떻게 해야 할지 몰랐다. 그러다 자신들이 하는 이 여정의 목적과 상호연결성의 관점을 떠올렸다. 스님은 무기를 가진 젊은이가 자신과 다르지 않은 존재라고 여기며 그의 앞에 오체투지를 했다.

　　그 순간 모든 것이 멈추었다. 무기를 가진 젊은이는 뜻밖에도 자신에게 오체투지를 하는 스님에 당황해하며 순간 길을 비켜주었다. 젊은이는 스님들이 가던 길을 계속 가게 했다. 아마도 스님들은 젊은이들이 가기 전까지 평소보다 빠른 속도로 오체투지를 했을 것이다. 하지만 나는 이 이야기가 우리가 세상을 거부하지 않고 품어 안을 때 세상이 지금과 다르게 반응함을 보여주는 놀라운 이야기라고 생각한다. 만약 우리가 이런 품어 안음의 태도를 계발하고 그것을 바르도와 그 밖의 힘겨운 상황에 가져갈 수 있다면 자신에게 커다란 은혜를 베푸는 일이 될 것이다.

되어감의 바르도에 이르고 나면 『티베트 사자의 서』의 텍스트는 완전한 깨달음을 위한 즉각적인 기회에 관해 더 이상 이야기하지 않는다. 하지만 전통에 따르면, 이 시점에도 멋진 일이 일어날 가능성은 여전히 존재한다. 우리는 순수 세상에 다시 태어날 수 있다. 이것은 기독교에서 말하는 천국에 다시 태어나는 것이나 월트 디즈니가 꿈꾼 세상과 비슷해 보이지만, 여기서 순수 세상이란 당신을 비롯한 모든 사람이 조금의 번뇌도 일으키지 않는 세상, 당신의 마음이 자연스럽게 깨어남을 향해 나아가는 세상을 말한다. 순수 세상에는 다양한 기질과 업의 연관성을 지닌 존재들에 맞게 여러 가지 종류가 있는데 그중에는 내가 잘 모르는 세상도 있다. 이들 각각의 세상에는 자기만의 고유한 분위기가 있지만 각각의 세상 모두가 지혜와 연민의 마음을 계발하는 데 도움이 된다.

티베트 사람들은 자신이 어떤 순수 세상에 다시 태어나고 싶은지 이야기하길 좋아한다. 나는 딜고 켄체 린포체와 그의 아내 칸드로 라모가 이 주제로 장난삼아 이야기하는 걸 들은 적이 있다. 그의 아내가 아미타불의 순수 세상인 수카바티(Sukhavati)에 다시 태어나고 싶다고 말했다. 구루 린포체의 구릿빛 산에 가고 싶었던 딜고 켄체 린포체는 아내에게 그곳에서 태어나는 바람을 갖도록 설득하고자 했다. 린포체의 가장 가까운 제자는 그의 젊은 손자인 랍잠 린포체였는데, 그는 할머니와 할아버지가 이런 논쟁을 벌이는 모습을 종종 지켜보며 할머니 편을 들고는 했다. 그역시 수카바티에 태어나길 원했다.

그러던 어느 날 밤 랍잠 린포체는 할아버지와 함께 비행기에 타는 꿈을 꾸었다. 딜고 켄체 린포체가 말했다. "저길 봐!" 그들의 아래에는 천사들이 사는 아름다운 세상이 펼쳐져 있었다. 린포체가 말했다. "여기가 수카바티야. 네가 태어난 곳이지." 손자가 말했다. "그런데 할아버지는 지금 어디로 가고 있죠?" 켄체 린포체는 저 멀리 천둥과 번개, 지진으로 순식간에 아수라장으로 변한 곳을 가리켜 보였다. 린포체가 말했다. "나는 저기로 가고 있단다. 구릿빛 산으로 말이야." 그러자 손자가 말했다. "나도 할아버지가 가는 곳에 가고 싶어요. 할아버지를 따라가겠어요."

대승불교 전통에서 우리는 '보살의 서원'을 맹세한다. 이것은 우리가 온전히 깨어나 다른 이들을 위한 최대한의 이로움을 줄 수 있도록 전심전력으로 영적인 여정에 오를 것을 맹세하는 약속이다. 우리는 깨달음을 얻은 뒤 깨달은 자신의 마음을 혼자서 즐기기보다 세상 속으로 다시 돌아와 사람들이 고통에서 벗어나 자유로워지도록 돕겠다는 서원을 세운다. 윤회가 완전히 끝날 때까지 이렇게 할 것을 맹세한다. 우리는 언뜻 불가능해 보이는 이 사명을 기꺼이, 심지어 즐거운 마음으로 떠맡는다. 당신은 이렇게 물을지 모른다. '왜 이런 일을 하는가?' 이 질문에 대한 답은 다음과 같은 맹세를 오랜 세월에 걸쳐 하는 동안에 서서히 나에게 찾아왔다. '무조건적인 연민과 사랑의 마음이 일어날 때 우리가 할 수 있는 가장 타당한 일은 한배에 탄 모든 사람을 한 사람도 남김없이 구조하는 것이다.'

이런 맥락에서 볼 때 순수 세상에 다시 태어나는 것은 보살의 서원과 배치되는 일처럼 보일 수 있다. 그러나 순수 세상에 태어나는 핵심은 우리의 영적인 여정에 속도를 더해 우리가 다른 사람에게 이로움을 줄 수 있는 더 좋은 상태에 있도록 하는 것이다. 순수 세상에 들어가는 것은 마치 집중 수련회에 참가하는 것과 비슷하다. 순수 세상에서도, 집중 수련회에서도 깨어남에 더 빠르게 다가가기 위한 환경과 조건이 마련된다. 그런데 집중 수련회에 참가하는 당신은 수련회에 영원히 머물겠다고 생각하지 않을 것이다. 당신의 삶으로 다시 돌아와 수련회에서 배운 것을 자신과 다른 사람들의 이익을 위해 사용하고자 할 것이다. 순수 세상에 들어가고자 할 때도 당신은 이것과 똑같은 의도를 내야 한다.

순수 세상에 다시 태어나는 방법은, 또는 되어감의 바르도에서 선택을 하는 방법은 우리가 가고자 하는 장소를 향해 생각을 기울이고, 필요하다면 도움을 청하는 것이다. 그렇다고 누군가 당신을 구하러 나서리라 생각해서는 안 된다. 여기서 핵심은 현존하겠다는 용기를 내는 것이다. 그러면서 당신의 마음과 가슴을 활짝 열어 당신의 오랜 습관적 패턴에 다시 빠지지 않는 것이다. 『티베트 사자의 서』에 대한 주석서에서 트룽파 린포체는 바르도에서 도움을 청하는 것은 '외부의 신에 요청하는 것이 아니라' 자기 마음을 기울이는 방법, 선을 향한 우리 마음의 본래 욕구를 일으키는 방법이라고 말했다. 이것은 우리 의식의 증대된 힘을 적극적으로 활용하는 방법이기도 하다. 그런데 우리가 이번 생을 사는 동안 순수 세상에 다시 태어나려는 바람을 한 번도 갖지 않았다면, 꿈과 같은 되어감의 바르도에서 이 것을 처음으로 해낼 가능성은 별로 없다. 이것이 여러 전통의 불교인들이 순수 세상에 다시 태어나려는 바람을 매일 일으키는 이유이다. 그들은 순수 세상에서 다른 사람에게 도움을 줄 수 있는 가장 좋은 기회를 얻게 될 것이다.

이것은 '어떻게 사느냐가 어떻게 죽느냐를 결정한다' 라는 말을 증명하는 또 하나의 사례이다. 이번 생에서 다음 생으로 이동할 때 우리가 가져가는 것은 우리의 신경증적 경향성만이 아니다. 우리가 계발한 모든 긍정적 습관도 우리가 그것을 계속해서 키우는 한 우리의 마음 흐름에 계속 남는다. 그리고 이 긍정적 습관들은 되어감의 바르도처럼 모든 것이 혼란스럽게 느껴지는 상황에서도 우리에게 도움을 줄 것이다.

우리는 언제 죽을지, 또 우리가 죽은 뒤에 무슨 일이 일어날지 결코 알 수 없다. 그러므로 긍정적인 생각 패턴을 의도적으로 키우는 일은 매우 중요하다. 그래야만 긍정적인 사고 패턴이 가장 필요한 때 그것을 활용할 수 있을 것이다. 마하트마 간디가 암살당할 때 총알을 맞은 직후에 그가 한 말은 "Hey Ram(오 라마 신이시여)"이었다. 신을 부르는 힌두교식 기도였다. 만약 간디가 예상하지 못한 힘든 사건이 일어날 때 신을 부르는 연습을 평소에 하지 않았더라면 이런 말이 그의 입에서 자연스럽게 나오지 못했을 것이다. 마찬가지다. 우리는 충격과 실망을 안기는 일이 느닷없이 일어날 때마다 긍정적인 생각을 자동으로 일으키는 연습을 할 필요가 있다. 바나나 껍질을 밟아 바닥에 미끄러졌을 때, 새로 산 흰색 셔츠에 잉크를 흘렸을 때, 오래 살지 못한다는 의사의 말을 들었을 때처럼 크고 작은 어떤 일을 당해서도 우리는 긍정적인 생각을 일으키는 연습을 해야 한다.

트룽파 린포체는 충격적인 일이 일어날 때마다 늘 '이런, 제길!'이라고 말한다면 그 말이 곧 우리가 이번 생의 마지막 순간에 떠올리는 생각이 될 거라고 농담 삼아 말했다. 명상을 통해 자신의 마음을 정확하게 알 때 우리가 갖는 모든 생각이 물결효과를 일으킨다는 사실을 알게 된다. 생각 하나하나가 우리의 모든 경험에 커다란 영향을 미치는 힘을 갖는다는 것을 알게 된다. 생각이 가진 실체 없는 성질을 알아보는 깨끗한 마음 상태에 있지 않으면 우리에게 일어나는 모든 생각은 또 다른 생각과 감정, 행동, 더 많은 생각으로 계속해서 이어질 것이다. 따라서 우리가 죽은 뒤 의식이 계속된다고 믿는다면 이번 생에서 마지막으로 떠올리는 생각은 매우 중요하다. 그 생각은 우리를 특정한 방향으로 보내는 힘을 가지며 그 생각이 일으키는 효과는 바르도를 통해 계속해서 물결처럼 번져나갈 것이기 때문이다.

이런 이유로 트룽파 린포체는 우리가 습관적으로 충격으로 반응하는 것에서 "우와!"처럼 보다 열린 마음을 향해 부드럽게 옮겨가도록 권했다. 거부와 두려움보다 경이로움의 느낌으로 우리의 바르도 체험을 시작하는 편이 훨씬 좋을 것이다. "제길"이라는 말이 이미 입 밖으로 나왔다 해도 당신은 계속 나아가며 "우와!"라고 말할 수 있다. 이렇게 하면 더 좋은 마음 습관을 들일 수 있고, 동시에 자신에게 큰 웃음을 보내는 데도 도움이 된다.

나는 순간순간 '옴마니반메훔(Om mani padme hum)'을 부르는 수련을 계속해왔다. '마니(Mani)'라고 부르는 이 진언은 티베트 전통에서 아발로키테슈바라(Avalokitesvara), 중국에서는 관세음보살이라고 하는, 연민의 마음을 상징하는 보살을 부르는 기도이다. 마니 진언은 당신이 처한 상황이나 당신이 머릿속에 떠올리는 모든 사람을 연민과 사랑의 마음으로 감싸 안는 방법이다. 일부 티베트인들은 이 진언을 돌에 새기기도 하며 연민을 자기 마음에 단단히 새겨 언제든 사용할 수 있도록 평생 수백만 번도 넘게 왼다고 한다. 이 진언은 티베트 사람들에게는 숨 쉬는 공기와 같다. 언젠가 내가 집중 수련회에 참석했을 때 어둑어둑한 저녁 무렵 숲속에서 곰 한 마리와 마주쳤다. 순간 내 마음은 얼어버렸다. 나는 곰을 쳐다보았고 곰도 나를 쳐다보았다. 나는 최대한 큰소리로 옴마니반메훔을 부르며 내달렸다.

우리가 이번 생을 사는 동안 연민을 계발하는 노력을 기울인다면, 되어감의 바르도를 지나는 동안에도 우리에게 큰 도움이 될 것이다. 수많은 다른 존재들이 우리와 같은 처지에 있음을 깨달을 것이며, 그들이 얼마나 커다란 고통을 겪고 있는지도 알게 될 것이다. 자기중심적인 관점을 떨쳐내면서 두려움도 더 적게 느낄 것이다.

우리가 지닌 연민의 마음은 되어감의 바르도가 지닌 꿈과 같은 성질을 꿰뚫어 보는 데도 도움이 된다. 연민의 마음은 우리를 꿈속에서 깨어나도록 돕는다. 가령, 되어감의 바르도에서 물의 요소가 적의 모습으로 나타나 거대한 해일이 당신에게 밀려온다고 하자. 이때 당신은 연민의 마음으로 주변을 둘러보며 당신이 구조할 수 있는 다른 사람이 있지 않은지 살핀다. 이때 당신은 언뜻 실재하는 것처럼 보이는, 변치 않는 '내'가 존재한다고 여기는 순전한 환영에 빠지지 않는다. 이제 당신은 자신에게 지나치게 집중된 상태에서 벗어나 있다.

붓다의 전생을 그린 이야기 모음집인 『본생담(Jataka Tales)』에는 단 한 차례 연민의 생각을 일으키는 것이 얼마나 큰 힘을 갖는지 보여주는 이야기가 나온다. 미래에 붓다가 될 보살과 남자 한 사람이 지옥 생에서 고통을 겪고 있었다. 두 사람은 가파른 산비탈 위로 거대한 바윗덩어리를 계속 밀어 올려야 하는 처지에 있었다. 감시원은 두 사람이 산 정상에 오를 때까지 계속해서 채찍질을 해댔다. 정상까지 바위를 밀어 올리고 나면 감시원은 바위를 아래로 굴러 내렸다. 그러면 두 사람은 처음부터 다시 바위를 밀어 올려야 했다. 이 과정이 끝도 없이 계속됐다. 이 경험을 하는 동안 미래에 붓다가 될 보살은 자신에게 일어나고 있는 일에 계속 화가 나 있었다. 그러던 중 어느 날 보살은 분노의 힘을 빼는 한 생각을 일으켰다. 자신의 파트너 역시 커다란 고통을 겪고 있다는 사실을 깨달았던 것이다. 그러고는 보살 혼자 바위를 밀어 올릴 테니 남자에게 그동안 쉬라고 했다. 이 사실을 알게 된 감시원은 미래에 붓다가 될 보살에게 더 심하게 채찍질을 가했다. 그러나 보살은 자신이 일으킨 연민으로 지옥과도 같은 마음에서 순간 벗어날 수 있었다. 그때부터 보살은 더 큰 깨어남을 이루는 세상에 계속 다시 태어났다.

삶과 죽음에서 우리가 겪는 모든 괴로움의 뿌리에는 세상과 분리된 특별한 자아가 존재한다고 여기는 감각이 자리 잡고 있다. 따라서 이번 생을 사는 동안 이런 환영의 '나'에 대한 집착을 내려놓을수록 되어감의 바르도를 지나는 동안에도 자아에 대한 집착에서 더 자유로울 수 있다. 우리의 삶이 지닌 꿈과 같은 성질을 지금 바로 더 많이 깨달을수록 되어감의 바르도 역시 꿈과 같다는 사실을 깨닫는 더 좋은 기회가 생긴다. 그리고 우리가 꿈속에 있다는 사실을 깨달을 때 그 꿈이 우리를 어디로 데려갈지에 대한 결정권도 더 많이 가질 수 있다. 그러면 우리의 바르도 마음(bardo mind)이 지닌 명료함을 사용해 더 현명한 선택을 내릴 수 있고, 다른 사람에게 이로움을 주는 순수 세상이나 그 밖의 바람직한 세상에 다시 태어날 수 있다.

21
가슴으로 하는 조언

바로 지금, 그리고 우리가 죽음에 이르렀을 때 일으키는 따뜻한 마음이 가진 힘을 과소평가해서는 안 된다. 우리를 부드럽게 해주고 더 고귀한 사랑을 주는 존재로 만드는 따뜻한 마음에는 두 종류가 있다. 하나는 타인에게 베푸는 친절의 따뜻함이다. 완고한 자기중심성에서 벗어나 타인을 배려하며 그들을 위해 자신을 내어주는 따뜻한 마음이다. 또하나는 헌신의 따뜻함이다. 진리에 이르는 길을 우리에게 보여준 스승들에 대한 사랑을 말한다. 이 두 가지 모두 우리의 가슴에서 우러나오는 따뜻함이다. 두 가지 따뜻함은 우리의 삶을 깊은 의미로 채우며, 우리와 타인 사이에 만들어진 장벽을 허문다.

타인에게 베푸는 친절의 따뜻함은 이해하기 쉽다. 그것은 오해의 소지가 별로 없다. 우리가 자아의 손아귀에 잡혔다고 느낄 때도 종종 있지만, 그런데도 우리는 타인과의 친밀함을 원한다. 우리는 타인과의 사이에 세워진 벽을 허물길 바라며 부드러움과 배려의 마음이 우리 안에서 흘러 나오는 것을 느낀다. 우리 내면의 보리심이라는 연민의 마음을 일깨우길 소원하며 그것이 더욱 커지기를 바란다.

다행히도 우리 대부분은 특정한 가르침과 수행으로 그것을 할 수 있다. 가령 통렌 수행은 보리심을 더 크게 키우는 수행 방법*이다. 수 세기에 걸쳐 당신과 나처럼 미혹에 빠진 평범한 사람들은 이 가르침과 수행의 안내를 받아 그것을 자기 행동과 말, 생각의 뗄 수 없는 일부로 만들고자 시간과 노력을 쏟아왔다. 행동과 관련해 그 가르침과 수행은 배려와 관심으로 나타나며, 말과 관련해서는 공격적이지 않은 말, 열려 있는 따뜻한 말로 나타난다. 또 우리의 마음은 타인의 이익을 생각하는 쪽으로 자연스럽게 기운다. 이처럼 우리는 지금껏 언제나 거기 있었던 마음의 자질들, 우리의 타고난 마음의 자질들을 발견한다.

물론 이것은 이상적인 상태에 관한 이야기이다. 하지만 우리는 누구나 다른 존재들의 행복에 참된 관심을 키워감으로써 이 방향으로 나아갈 수 있다. 현재도 많은 사람이

• 보리심 수행에 관한 자세한 내용은 한국에 번역된 나의 책 『지금 여기에서 달아나지 않는 연습(The Places That Scare You)』을 참조하라.

이와 같은 수행을 하고 있다. 그들은 자주 넘어지면서도 자신들의 실수에서 배움을 얻으며 계속 한 걸음씩 앞으로 나아간다. 그리고 그 과정에서 자기 내면의 따뜻한 보리심을 발견한다.

우리가 살아 있는 동안 마음을 여는 정도만큼, 죽음에 이르러서도 우리의 마음은 그만큼 열릴 것이다. 이런 식으로, 우리가 죽어감의 바르도를 넘어 나아갈 때 타인에 향한 생각을 자연스럽게 일으킬 수 있다. 바르도에서 우리의 마음은 위축되기보다 오히려 넓어진다. 두려움에 사로잡혀 자신 속으로 움츠러들 수도 있지만, 바로 다음 순간 우리는 이전에 했던 수행의 덕으로 자연스럽게 그 혼란에서 빠져나온다. 그러면서 주변에 우리와 함께 있는 사람들을 알아보고 그들이 어떤 고통을 겪고 있는지 관심으로 살핀다.

죽음에 이르렀을 때와 바르도를 지나는 동안 긍정적인 마음 상태를 갖추는 일은 매우 중요하다. 타인을 향해 열린 따뜻한 마음은 우리의 죽음 과정을 평화롭고 긍정적인 여정으로 만들 것이다. 그리고 우리가 죽음과 삶 사이에 놓인 중간 단계를 지나는 동안의 어느 시점에서라도 깨어남을 위한 완벽한 원인과 조건이 되어줄 것이다.

친절의 따뜻함과 달리 스승에 대한 헌신의 따뜻함은 많은 이에게 있어 그것을 품어 안기는커녕 생각해보는 것조차 매우 어려운 일이다. 어떤 사람은 '헌신'이라는 말 자체를 불편하게 느낀다. 특히 영적 스승에 대한 헌신이라고 하면 더욱 그렇다. 이것은 오늘날에 매우 많은 영적 스승들이 실제로 자신들의 제자에게 해를 입히며 그들의 믿음을 배반했기 때문이다. 그렇지만 정말로 당신의 이익을 진정으로 생각하는 참된 스승에 대한 헌신은 마법과 같다. 족첸 폰로프 린포체의 말을 빌리면 '참된 스승에 대한 헌신의 마음은 가장 심오한 마음 체험에 들어가는 문을 여는 열쇠'이다.••

때로 우리는 현재에 충실히 사는 것처럼 보이는 사람들을 만나는 행운을 누리기도 한다. 그들은 우리 자신의 존재의 열림과 깊이 공명하는 사람들이다. 나는 이런 사람들을 많이 만났다. 그들을 생각하는 것만으로 나는 열린 알아차림에 연결된다. 그들을 떠올리면, 모든 사람에게 가능하지만 실제로는 비교적 소수의 사람만이 알아보는 마음의

•• 이 주제에 관한 깊은 논의는 나의 책 『반갑지 않은 것을 반기기(Welcoming the Unwelcome)』의 19장 '우리의 스승으로부터 배우기'를 참조하라.

깨어남의 성질과 연결을 맺는다.

우리 본성에 대한 이런 인식은 매우 소중한 일, 기적과도 같은 일이다. 나는 '우리는 우리가 구하는 것을 이미 가지고 있다'는 말을 자주 들었다. 궁극적으로 우리에게는 오직 하나의 스승만이 존재한다. 그것은 우리 마음의 참 본성이라는 스승이다. 이 마음의 참 본성과 연결할 때 내 안의 가장 깊은 가능성과 연결되어 있음을 느낀다. 이것이 내가 마음의 본성 그리고 세상과 세상 속 존재들의 신성함을 일깨워준 모든 스승에게 무한한 감사의 마음을 갖는 이유이다. 나에게 있어 참된 헌신이란, 있는 그대로의 현상을 열린 마음으로 받아들이는 것이다.

숲에서 곰과 마주쳐 옴마니반메훔을 불렀을 때 나는 나를 살려달라며 외부의 신에게 기도하지 않았다. 그보다 내 안에 있는 연민이라는 축복의 마음과 연결하고자 했다. 그 연민은 곰도 나도 언제나 일으킬 수 있는 마음이다. 오늘이든 아니면 내가 죽는 날이 되어서든 나의 스승들에게 헌신한다는 것, 관세음보살이나 아발로키테슈바라와 같은 지혜의 인물에게 헌신한다는 것, 이는 나 자신의 근본적 본성과 분리될 수 없는 축복의 원천에 나를 여는 것이다. 내가 가진 경향성과 번뇌, 모든 형태의 자기중심성을 넘어 나의 참 본성의 일부에 열리는 것을 말한다.

이것은 의심의 여지 없이 가슴 따뜻하고 고귀한 연결의 경험이다. 나에게 이것은 헌신의 경험으로 다가온다. 이 헌신은 특정 인물을 무조건 경배하거나 이상화하는 게 아니다. 특정 스승을 떠올리며 그들이 나에게 보여준 가르침에 연결되는 작업이다. 앞서 이야기한 가상현실 체험에서 내가 발판에서 '뛰어내릴' 수 있었던 것도 바로 헌신의 마음 덕분이었다. 한참을 무서움에 떨고 난 뒤 나는 트룽파 린포체의 확고하고 높은 톤의 목소리를 들었다. 린포체는 "자넨 할 수 있어"라고 말했다. 그것만으로 내 안의 용기와 연결할 수 있었다.

지금도 그리고 바르도에서도 나는 따뜻함이 열쇠라는 사실을 알고 있다. 나는 타인의 행복을 생각하며, 그리고 스승들이 전해준 축복에 가슴을 열며 이 두 가지 멋진 수행법에 믿음을 둔다.

22
여섯 가지 세상

일단 되어감의 바르도에 들어가면, 순수 세상에 태어나지 않는 이상, 태어남과 죽음이 끝없이 돌고 도는 윤회 세상에서 또 다른 생을 받게 된다. 다르마타의 바르도에서처럼 되어감의 바르도에서도 안락하고 부드럽고 우리를 유혹하는 다양한 색깔의 빛이 나타난다. 이 빛의 유혹을 이겨내는 힘과 용기를 평소 키우지 않으면 이 빛에 끌려 윤회하는 존재들이 태어나는 세상 중 한 곳에 다시 태어난다.

우리는 삼사라 윤회의 세계에 우리가 기억하는 것보다 훨씬 오래 붙들려 있었다. 누구도 윤회의 시작을 기억해낼 수 없다고 한다. 고전적 비유로 말하면, 삼사라 윤회를 돌고 도는 생명체는 뚜껑이 닫힌 통 속의 벌과 비슷한 처지에 있다. 윙윙거리며 통 위아래로 부딪히며 날아보지만 절대 바깥으로 나갈 수 없다. 마찬가지로 삼사라 윤회에 갇힌 우리는 행복한 생에서 비참한 생으로, 그리고 다시 반대 방향으로 윤회 세계의 위아래를 돌며 계속해서 다시 태어난다. 우리는 끝없이 계속되는 윤회에서 벗어나지 못한다. 그리고 설령 삼사라 윤회의 세계에서 매우 행복한 생으로 태어났다 해도, 돌고 도는 윤회 자체가 기쁨보다 불만족을 훨씬 많이 갖고 있다.

전통적 가르침에서는 삼사라 윤회의 세상을 여섯 가지로 분류한다. 대개는 가장 고통스러운 세상에서부터 가장 행복한 세상 순으로 나열하는 방식이다. 지옥 세상, 아귀 세상, 축생 세상, 인간 세상, 질투하는 신의 세상, 그리고 신의 세상이 그것이다. 이것은 통 속의 생명체가 경험하는 여섯 가지 범주이다. 그러나 붓다는 자신의 맨 처음 가르침에서 삼사라 윤회에서 완전히 벗어나는 방법이 있다고 말했다. 결국 우리는 누구나 이 여섯 가지 세상에서 벗어나 깨어남이라는 열린 공간을 즐길 수 있고 또 그렇게 될 거라는 말이다. 언젠가 지가 콩트룰 린포체가 이렇게 말하는 것을 들은 적이 있다.

"당장이 될지 나중이 될지 모르지만, 그것은(윤회에서 벗어나는 것은) 보장되어 있습니다."•

• 여섯 가지 윤회 세상을 그림으로 나타낸 것은 부록 C에 나와 있다.

전통적 가르침은 이 여섯 가지 세상이 우리가 지금 사는 익숙한 환경과 마찬가지로 실재하는 세상인 것처럼 말하고 있다. 그러나 트룽파 린포체는 이 세상들은 우리 마음의 심리 상태로 보아야 한다고 했다. 그는 많은 서양인이 내생에 관한 이야기에 반감을 갖는다는 사실을 알고 있었다. 특히 어린 시절의 성장 과정에서 다양한 종류의 지옥에 무서움을 느끼며 자란 이라면 더욱 그러하다. 나 역시 트룽파 린포체의 가르침을 받기 전까지는 여섯 가지 세상에 대해 열린 마음으로 생각하지 못했다. 트룽파 린포체는 여섯 가지 세상을 우주의 거대한 지도에서 찾을 수 있는 실제의 물리적 장소로 이야기하는 대신에 그것이 우리 안에서 활발하게 일어나고 있는 감정이 투영된 것이라고 가르쳤다. 그가 여섯 세상을 묘사하는 데 자주 사용한 구절은 '우리가 자신을 가두는 다양한 유형의 감옥'이라는 표현이었다.

그가 전하고자 한 핵심은 당신이 강렬한 감정에 사로잡혔을 때 일어나는 번뇌가 당신과 당신이 사는 세상을 조종하게 된다는 점이다. 그 번뇌가 당신의 마음 상태를 결정짓고, 주변 환경이 당신에게 나타나는 방식 또한 그에 따라 결정된다. 당신은 번뇌가 만들어낸 세상에 완전히 발목이

잡혔다고 느낀다. 우리는 이것을 우리의 일상에서 매일 경험하고 있다. 우리는 고통스러운 감정이라는 습관적인 장소에 서 있는 자신을 계속해서 본다. 우리가 어떻게 그곳에 이르렀는지, 그리고 어떻게 해야 거기서 벗어날 수 있는지 알지 못한다. 그 장소는 우리에게 너무나 익숙하다.

지옥은 분노와 공격성이 난무하는 세상이다. 전통적 가르침에서는 여러 종류의 지옥에 대해 말하고 있지만 대부분의 지옥은 뜨거운 지옥과 추운 지옥의 두 가지로 나눈다. 뜨거운 지옥에서는 모든 것이 불타고 있어 당신 역시 그로부터 도망갈 수 없다. 한편 추운 지옥에서는 모든 것이 얼음처럼 얼어버린다. 당신은 벌거벗은 채로 완전히 얼어 있다. 당신의 피부는 추위에 끔찍하게 갈라져 터져버린다. 그리고 당신이 어떤 종류의 지옥에 살든, 지옥의 주요한 특징 중 하나는 지옥 생의 고통이 영원히 계속되는 것처럼 보인다는 점이다.

분노의 마음은 어떤 사람에게는 불처럼 뜨겁게 느껴지는가 하면 어떤 사람에게는 얼음처럼 차갑게 느껴진다. 어쨌거나 지옥 세상에 있을 때 당신은 강렬한 분노에 꼼짝 없이 사로잡혔다고 느낀다. 분노에 사로잡힌 상태에서 당신은 분노를 행동으로 표출하는 수밖에 없다고 여긴다. 그러나 분노를 행동으로 드러낸다 해도 당신은 편안하지 못하다. 오히려 당신의 공격성은 더 커지고 그에 따라 당신이 당하는 괴로움도 더욱 커진다. 분노가 지닌 뜨거운 열기는 더 뜨거워지고, 분노가 지닌 차가운 냉기는 더 차가워진다. 당신은 분노에 꼼짝없이 갇혔다고 느낀다. 그래서 거기서 필사적으로 벗어나고자 한다. 분노의 고통이 끝없이 계속되는 것처럼 보이는 이유도 분노가 도저히 벗어날 수 없는 덫으로 느껴지기 때문이다. 그런데 지옥에는 당신을 도와주려는 연민의 마음을 지닌 존재들도 있다고 한다. 뜨거운 지옥이라면 그들은 당신에게 물을 줄 것이고, 추운 지옥이라면 당신에게 따뜻한 불을 제공할 것이다. 그러나 당신은 지옥의 모든 존재가 당신에게 적대적이라고 확신하고 있어서 그들의 도움을 한사코 거부한다.

그런데 지옥보다 상대적으로 안락한 보통의 인간 세상의 사정도 지옥과 마찬가지라는 사실을 쉽게 알 수 있다. 나의 사랑하는 친구 자비스 마스터스(Jarvis Masters)는 오랜 시간 감옥에서 생활한 인물이다. 그는 감옥 바깥보다 감옥 안에서 더 오래 살았다. 감옥에서 생활하는 동안 그는 지옥과 마찬가지의 삶을 사는 수많은 수감자를 보았다. 공격성 때문에 감옥에서 일어나는 고통과 절망은 어마어마했다. 그는 동료 수감자들과 우정을 나누는 한편 수감자들이 다른 수감자와 간수를 공격하는 행동으로 자신들의 고통을 키우지 않도록 가르치고자 했다. 그는 복수하지 않는 편이 더 좋은 결과를 가져오며 그에 따라 수감자들이 당하는 고통도 줄어든다는 사실을 동료 수감자들에게 보여주고자 했다. 일부 동료 수감자는 그의 말이 타당하다고 여기며 거기에 귀를 기울였지만, 복수하고 싶은 오랜 습관을 버리는 수감자는 매우 적다고 그는 말했다. 복수심과 그런 행동을 즐기는 것을 멈추는 수감자는 극소수에 불과했다.

아귀 세상에 사는 존재들은 기괴한 모습을 하고 있다. 어떤 존재는 엄청나게 큰 배를 가졌으면서 입은 점 하나밖에 되지 않을 정도로 작고 목구멍은 머리카락 한 올만큼 가늘다고 한다. 아귀들은 언제나 배가 고프지만 배를 채울 만큼의 충분한 음식을 결코 먹을 수 없다. 전통적으로 아귀 세상과 관련된 감정은 탐욕이지만, 트룽파 린포체는 여기에 '빈곤한 정신(poverty mentality)'이라는 이름을 붙였다. 절대 만족하지 못한 상태로 계속 부족하다고 느끼는 느낌을 말한다. '아무도 나를 충분히 사랑해주지 않는다. 내가 갖고 싶은 것들이 늘 부족하다. 사람들은 언제나 나를 무시한다' 같은 생각들이다. 당신은 언제나 굶주려 있다고 느낀다. 당신에게 어떤 일이 일어나든 그 일로 자신을 부족한 존재, 루저라고 느낀다.

동물 세상은 무지라는 번뇌와 관련이 있다. 그런데 여기서 '무지'라는 단어는 오해의 소지가 있다. 어리석음으로 잘못 해석할 수 있기 때문이다. 동물들은 자기 나름대로 매우 똑똑하다. 언젠가 내가 우리 정원에 둔 새 모이통의 모이를 모두 먹어 치운 다람쥐와 일주일 동안 머리싸움을 한 적이 있다. 나는 내가 떠올릴 수 있는 모든 방법을 시도했다. 녀석이 절대 찾을 수 없는 곳에 모이통을 뒀지만, 녀석은 언제나 모이통을 찾아내고야 말았다.

동물들은 자기 나름의 영역에서는 매우 똑똑하지만 대개 동물들은 정신이 유연하지 못하다. 다람쥐는 모이를 훔치는 데는 귀신인지 몰라도 익숙하지 않은 환경에서 살아남는 법에 관해서는 잘 모른다. 예상치 못한 상황이 벌어지거나 늘 하던 루틴에서 벗어나면 동물 세상의 존재들은 당황한 채 어찌할 바를 모른다.

동물 세상이 반드시 동물로 태어나는 것 자체를 의미하는 것은 아니다. 그보다 많은 인간에게 매우 익숙한 특정한 마음 태도와 관련이 있다. 나는 '무지'보다 '무시'가 더 정확한 표현이라고 본다. 만약 당신이 익숙하게 처리할 수 있는 영역의 바깥에 섰다고 하자. 당신은 불안을 느낄 것이며 이런 식으로 도전받는 게 싫을 것이다. 이때 당신은 분노 등의 감정으로 치닫는 대신, 그것을 무시하는 식으로 당신이 느끼는 불안을 처리한다. 마치 그 일이 일어나지 않은 것처럼 행동한다. 인터넷을 검색하거나 솔리테르(혼자서 하는 카드놀이)를 하거나 머리를 쓸 필요가 없는 일을 하면서 상황을 덮으려고 한다. 이런 마음 자세를 잘 보여주는 표현은 이것이다. "나는 이 상황을 극복하려고 노력 중이야." 그러나 당신은 자신이 편하게 여기는 범위 안에서만 움직이겠다고 작정하고 있다. 그 범위를 조금이라도 넘어 불편함을 감당하고 싶지 않다. 이것은 현상을 유지하려는 마음 태도에 불과하다.

지옥 세상, 아귀 세상, 동물 세상의 고통이 가장 크다는 점에서 이 세상들을 '저급한 세상'이라고 부른다. 이것은 지옥 세상과 아귀 세상의 묘사를 보면 분명하게 드러난다.

그러나 우리가 주변에서 보는 많은 동물은 그렇지 않은 것 같다. 가령 주인의 사랑을 듬뿍 받는 반려견은 즐겁고 안락한 삶을 누리는 것처럼 보인다. 그러나 일반적으로 동물들은 자기 삶의 대부분을 두려움 속에서 보낸다. 동물들은 저기 바깥에 어떤 위협이 도사리고 있는지, 누가 자기를 잡아먹으려고 호시탐탐 노리고 있는지 알지 못해 늘 두려움에 떨며 산다. 이것은 모든 동물에서 볼 수 있다. 땅에 사는 동물, 하늘과 바다에 사는 동물이 모두 마찬가지다. 당신의 손바닥에서 먹이를 먹고 있는 박새는 먹이만 먹고 있는 게 아니다. 자기를 잡아먹을 동물이 주변에 없는지 노심초사 살피고 있다.

인간 세상은 저급한 세상만큼 고통이 크지 않다는 점에서 조금 더 편안한 곳이라고 할 수 있다. 고통이 있지만 기쁨도 있다. 고통과 기쁨이 교차한다. 아귀 세상에 사는 존재들은 원하고 원하고 또 원하지만 절대 원하는 만큼 얻지 못한다. 인간 세상에 사는 우리도 대부분의 시간 동안 어떤 것을 원하며 살지만 때로는 원하는 것을 얻기도 한다. 원하는 것을 얻는 데 종종 성공하기 때문에 우리가 원하는 것을 얻는 방법을 찾을 수 있다고 생각한다. 그리고 이것이 인간 세상의 주된 마음 태도가 된다. 우리는 즐거움을 느끼길 원하는 한편, 고통은 조금도 없기를 바란다. 우리는 즐거움과 고통이 더 이상 교차하지 않게 할 수 있다는 순진한 바람을 끊임없이 품는다.

우리는 좋아하는 사람과는 함께하고 싫어하는 사람은 피하며 시간을 보낸다. 편안하고 즐거운 상황에 계속 있으려 하며 불편하고 불쾌한 상황은 피하려 한다. 가진 즐거움은 계속 붙잡으려 하며 괴로움은 무엇이든 멀리하려 기를 쓴다. 우리 마음에 끊임없이 일어나는 생각은 이런 것이다. "내가 …을 가질 수만 있다면 행복할 텐데." 우리가 겪는 주된 번뇌는 갈애이다. 이 세상에서 우리가 겪는 커다란 괴로움은 즐거움과 고통이 번갈아 일어나는 것을 받아들이지 못한다는 점이다. 우리는 안락만을 얻고 그것을 계속 유지하고자 기를 쓴다.

한편 질투하는 신의 세상에서 균형추는 고통보다 즐거움 쪽으로 크게 이동한다. 질투하는 신은 성공과 유리한 조건을 이미 이루었으므로 불평거리가 아무것도 없는 것처럼 보인다. 그러나 질투하는 신은 깊은 불안감으로 고통받고 있다. 당신은 자신에게 이렇게 속삭인다. "내가 최고야." 그러나 마음 깊은 곳에서는 자신이 정말로 최고가 아니라고 느낀다. 그래서 늘 주변을 둘러보며 자신을 타인과 비교한다. 당신은 엘리트 집단에 속하고 싶다. 가장 멋지고 힘센 사람들 축에 끼고 싶다. 그러나 그 무리에 든다 해도 당신은 만족하지 못한다. 엘리트 집단에서도 가장 엘리트가 되고 싶다. 최고가 되고 싶은 당신의 갈망은 끝이 없다. 자신이 다른 사람보다 우월하다는 것을 증명해야 한다. 이런 마음 자세를 지닌 당신은 자신의 마음 주변을 두꺼운 갑옷으로 두르고는 다른 사람과 연결을 차단한다.

배고픈 아귀처럼, 질투하는 신들도 언제나 더 많은 것을 원한다. 다만 질투하는 신들은 이미 많은 것을 갖고 있다는 점이 아귀와 다르다. 질투하는 신들은 자신이 이미 가진 행운을 즐기지 못한 채 남보다 앞서려는 경쟁심과 편집증에 빠져 있다. 우리가 사는 세상에서 예를 들자면 대기업과 강대국을 이끄는 수장들을 들 수 있다. 그들 중 일부는 편집증 상태에 있다. 다른 기업과 다른 국가가 더 힘을 얻고 더 높은 지위를 얻을까 봐 끊임없이 주변을 둘러보며 경계한다. 그들은 다른 기업과 국가가 우월한 위치에 서지 않도록 만드는 데 자기 에너지의 대부분을 쓴다.

질투하는 신들 위에는 순수한 기쁨을 경험하는 신들이 존재한다. 그들은 풍요, 안락, 건강, 부, 즐길 거리 등 자신들이 원하는 것, 필요한 것을 모두 갖고 있다. 그들은 "내가 최고야"라고 생각만 하는 것이 아니다. 자신이 최고임을 그들은 '알고' 있다. 여기서 주된 번뇌는 자만이다.

　　나는 고등학생 때 신의 세상을 경험한 적이 있다. 나는 학생 대부분이 부유층에 속하는 여자 기숙학교에 다녔는데 방학이 되면 친구들 집을 찾아가 친구 가족들과 만나는 일이 종종 있었다. 친구들은 매우 안정된 생활을 하고 있었다. 그래서 친구들은 그 밖에도 좋은 삶의 방식이 있을 수 있다는 생각이 그들의 머릿속에 조금도 떠오르지 않았다. 친구들은 자신들의 취향이 멋진 취향이라는 데 의심을 품지 않았다. 그들의 정치관도 훌륭했다. 자선단체에 기부하고, 사람들을 돕는 일에 적극적으로 나섰다. 누구도 얕보거나 깔보지 않았다. 그렇지만 친구들은 자신들의 삶의 방식이 최고의 방식이라며 그것을 당연시했다. 그것을 정말로 유일한 삶의 방식으로 여겼다. 나는 그 학교를 사랑했고 지금도 당시 친구들은 친한 친구로 남아 있다. 그들은 자신들의 삶으로 훌륭한 일들을 해낸 똑똑한 여성들이다. 하지만 돌이켜보면 신의 세상의 마음 태도가 지닌 한계가 나의 눈에 보인다.

전통적 설명에 따르면, 신들은 조금의 고통도 없이 매우 오래 산다고 한다. 신들의 수명은 매우 길어서 절대 끝나지 않을 듯 보인다. 그래서 신들은 이 완벽한 상태의 영원한 삶을 당연하게 여긴다. 그러나 우리가 알듯이 모든 것은 끝이 있다. 어느 시점에 이르면 신들은 쇠락의 징조를 보이기 시작한다. 자기 삶이 유한하다는 사실을 처음으로 인지한다. 죽으면 저급한 세상으로 떨어질 수 있다는 인식에 뒤따르는 고통은 어마어마해서 지옥에서 겪는 고통에 버금간다고 한다.

트룽파 린포체는 우리가 영적 수행을 해나가는 과정에서 신의 세상과 관련된 마음 태도에 쉽게 빠질 수 있음을 자주 이야기했다. 당신은 모든 것과 모든 사람이 아름다운 축복의 상태에 이르는 것을 목표로 한다. 그리고 실제로 그것을 성취하기도 한다. 모든 게 원하는 대로인 상태에 이른다. 그러나 이것은 현실과 단절된 일시적 경험일 수 있다. 이때 당신은 너무도 많은 사람이 고통을 겪고 있다는 사실과 만나지 못한다. 있는 그대로의 생생한 삶의 모습은 당신에게 현실로 다가오지 않는다. 다른 사람들이 겪고 있는 생생한 삶의 현실이 당신의 눈에는 들어오지 않는다. 이때 당신의 영적 수행은 현실에 깨어나는 방법이 아니라 덮어서 가리는 수단으로 전락한다.

여섯 세상과 관련된 모든 종류의 마음 태도는 일시적인 마음 상태이다. 우리는 특정한 한두 가지 마음 상태에 조금 더 오래 머물 수는 있지만 그렇다고 우리가 그 마음 상태에서 결코 벗어나지 못할 운명에 처한 것은 아니다. 가령, 당신의 마음속에 질투하는 신의 성향이 매우 강하다 해도 그런 감정과 마음 습관은 우리가 흔히 느끼는 것처럼 완전히 고정되어 있거나 불변하는 것이 아니다.

지옥이든 천상이든 특정 세상의 경험에 걸려들어 거기서 벗어나지 못하는 주된 원인은 알아차림이 부족하기 때문이다. 그러므로 특정 세상에서 벗어나는 첫 단계는 당신이 그 세상에 살고 있다는 것을 의식하는 일이다. 예를 들어 당신이 지옥 세상의 마음 태도에 빠진 채 모든 사람과 사물이 당신을 적대적으로 대한다고 생각한다고 하자. 이때 당신이 무의식적으로 취하는 기본적인 행동은 모두를 향한 비난이다. 당신은 마음에 들지 않는 음식을 가져다주는 사람을, 창문을 열어야 하는 상황에서 닫는 사람을, 당신의 물건을 가져가는 사람을 비난한다. 언제나 다른 사람, 외부 조건을 비난한다. 이러다 보니 당신에겐 화를 내는 것 말곤 다른 선택지는 없어 보인다.

그런데 당신이 지옥 세상에 살고 있다는 사실을 의식한다면 이미 그 세상에서 벗어나는 길에 올랐다고 할 수 있다. 당장은 그렇게 보이지 않을 것이다. 특정 감정을 처음으로 알아차리면 그 감정이 더 강하게 느껴질 수 있다. 그러나 분노(또는 빈곤한 정신이나 무시)가 정말로 어떤 느낌인지 가만히 주의를 기울여보면, 당신 내면에 존재하는 마음의 자원을 발견할 수 있을 것이다. 자동 반응 멈추기, 감정 변화시키기, 감정을 깨어남에 이르는 길로 활용하기 등 번뇌를 다루는 방법으로 지금까지 이야기한 방법들은 모두 우리가 지금 갇혀 있다고 느끼는 마음 상태에서 벗어나는 데 도움을 준다. 이 방법들은 모두 우리가 빠져 있는 감정적 혼돈과 이야기 줄거리 너머에 널따란 공간이 있음을 보게 한다. 처음에는 잠깐씩 드러나는 틈 속에서 이 공간을 보게 되지만 시간이 흐르고 수행을 계속하다 보면 그 공간이 점점 확장되는 것을 경험할 수 있다. 이렇게 수행자의 가슴과 마음은 계속해서 확장된다.

우리가 사는 세상에서 벗어나는 능력이 커질수록 그 세상과 관련된 마음 상태에 빠진 자신을 더 가볍고 덜 고정적인 관점으로 바라볼 수 있다. 우리는 종종 스스로 자신이 겪고 있는 주된 번뇌와 동일시하고는 한다. "나는 원래부터 화를 잘 내는 사람이야", "나는 질투심에 절어 살지" 등으로 말이다. 이것은 타인에 대해서도 마찬가지다. "그는 탐욕으로 똘똘 뭉친 자야", "그녀는 원래 오만해" 같은 식이다. 그러나 그 누구도 한 가지 방식으로만 정의할 수 없다. 우리가 처한 상황은 그보다 훨씬 유동적이다.

우리가 하는 감정 경험을 일시적인 마음 상태로 볼 수 있다면 그 감정들이 우리의 참된 정체성이 아님을 깨달을 수 있다. 오히려 그런 감정 경험은 우리에게 고정된 참 정체성이 존재하지 않음을 나타내는 증거가 된다. 우리의 참 본성은 우리가 사는 어떤 세상도 초월한다. 이 사실을 온전히 깨달을 때 벌을 가둔 통의 뚜껑이 열리면서 벌은 자유롭게 날아갈 것이다.

23

다음 생 선택하기

삼사라 윤회의 여섯 세상은 실재하는 장소일까 아니면 우리의 심리 상태일까? 이 질문은 즉각적으로 또 하나의 흥미로운 생각을 떠올리게 한다. 그것은 특정 심리 상태에 있다는 것과 실제로 어떤 장소에 존재한다는 것이 정말로 다른가 하는 점이다. 가령 당신이 지옥 세상에 있다고 생각하거나 느끼는 것과, '실제로' 지옥에 있는 것 사이에 과연 유의미한 차이가 있을까? 하나가 다른 하나보다 더 나은 것일까? 아니면 둘 다 끔찍한 것일까?

두 사람이 한 방에 앉아 있다고 하자. 겉으로는 두 사람이 같은 것을 보고 듣고 냄새 맡는 것처럼 보인다. 그러나 한 사람은 내일 일어날 일을 노심초사 걱정하고 있고, 다른 사람은 오늘 아침에 있었던 좋은 일을 계속 떠올리고 있다. 한 사람은 냄새를 잘 맡는 사람이고, 다른 한 사람은 코가 막힌 상태다. 한 사람은 세상이 자신을 적대적으로 대한다고 생각한다. 자신이 지금껏 해온 모든 경험이 그것을 확증하는 것처럼 보였다. 또 다른 사람은 모든 것이 지금보다 좋아지리라 생각한다. 이 역시 지금까지의 경험이 이 사실을 확증하는 것처럼 보인다. 이 상황을 들여다볼수록 우리는 두 사람이 같은 방에 있어도 완전히 다른 경험을 하고 있음을 알 수 있다.

이 사례를 보면 우리 앞의 '실재(reality)'가 상당 부분 우리의 마음이 투사된 것임을 알게 된다. 외부 세계가 모든 사람이 동의하는 단일한 객관적 실재처럼 보여도, 실은 각 개인이 각자 자기만의 꿈속에서 사는 것이다. 실제로 우리가 자신에게 묻고 있는 질문은 이런 것인지 모른다. "지금 내가 하는 경험이 내가 꾸는 꿈과 어떻게 다르지?" 또는 더 적확하게 "내가 지금 꿈을 꾸고 있지 않다는 걸 어떻게 알 수 있지?"

되어감의 바르도는 꿈과 같다고 한다. 그렇다면 우리가 되어감의 바르도에서 여섯 세상 중 한 곳의 다음 생으로 옮겨갈 때 그것은 하나의 꿈에서 또 하나의 꿈으로 이동하는 것이지 않을까? 어쩌면 삶과 죽음의 순환 자체가 이처럼 끝없이 이어지는 꿈이 아닐까? 조금은 도발적이지만 우리가 숙고해 볼 가치가 충분한 질문이라고 생각한다.

이 생각을 더 직접적으로 탐구하기 위해 나는 다음 연습을 해보려 한다. 먼저 당신이 일상생활에서 주기적으로 하는 한 가지 또는 몇 가지 일을 떠올려본다. 이 닦기, 설거지, 매일 다니는 도로로 운전하기 등이 있을 것이다. 아니면 당신이 자주 보고 듣는 사물도 좋다. 특정한 노래, 당신의 아파트로 들어가는 출입구, 핸드폰 벨소리 등이다. 그런 다음 당신이 이 일들을 할 때마다 잠시 멈추어 자신에게 이렇게 말한다. "이건 대낮에 꾸는 꿈이야." 잠시만 이렇게 생각한다. 아주 잠깐 이 생각에 머문 다음 하던 일을 계속한다.

아니면 이렇게 말해도 좋다. "이건 꿈이나 마찬가지야." "이건 꿈이 아닐까?" 이 연습을 계속한다면 당신이 하는 경험의 고정성을 의심하는 데 점차 익숙해질 수 있다. 나의 경우, 이 연습을 충분히 하자 깨어 있는 것과 꿈꾸는 것의 경계가 흐려지기 시작하는 걸 알았다. 이렇게 해서 이 연습은 당신이 밤에 꾸는 꿈에도 실제 영향을 미칠 수 있다. 당신은 꿈에서 깨어나 지금 당신이 인식하고 있는 모든 것이 실재가 아님을 알아차릴 수 있다. 지금 당신이 꿈을 꾸고 있음을, 그리고 당신이 지각하는 모든 것이 실은 당신의 마음이 투사된 것임을 알아볼 수 있다. 이상적인 경우, 이것은 되어감의 바르도에까지 이어질 수 있다. 되어감의 바르도에 있는 동안에는 엄청난 속도와 혼란의 와중에 있게 되는데 이때 이런 관점을 갖는 것은 당신에게 큰 도움이 될 것이다.

이런 연습과 숙고를 할수록 나는 실재와 꿈, 심리 상태와 실제 장소를 엄격하게 구분하는 성향에서 거리를 둘 수 있었다. 그리고 나는 우리의 모든 경험을 생생한 실재처럼 느껴질 수 있고, 그 경험들 모두가 소중하다는 것을 알았다. 그것은 우리가 어떤 단어를 사용하는가와는 상관이 없었다. 이것이 우리 앞에 놓인 실재, 우리가 사는 세상이다.

모든 생명 있는 존재가 이것을 경험할 수 있다. 하지만 그중 극히 소수만이 꿈에서 깨어나는데, 즉 자신이 빠져 있는 특정한 감금 상태에서 깨어나는 데 도움 되는 가르침을 받을 수 있다(예컨대 동물은 이런 경험을 할 수 없다). 우리 인간은 이 가능성을 가지고 있다. 앞으로 살면서 그리고 죽어서 어떤 일이 일어난다고 생각하든 상관없이, 지금 이 가르침이 주는 이익을 활용할 수 있다면 우리 자신과 타인에게 커다란 은혜를 베푸는 일이 될 것이다.

전통에 따르면, 되어감의 바르도는 삶과 죽음의 중간 상태로서 우리는 이곳에서 우리의 다음 생을 선택한다. 하지만 나는 여기서 '선택한다'는 단어를 가벼운 의미로 사용하고 싶다. 가령 당신이 꿈을 꿀 때 당신이 어디로 갈지, 어디에 나타날지 당신 마음대로 선택할 수 있을까? 일반적으로 꿈에서 일어나는 일들은 우리의 의지나 선택과 상관없이 일어나며 우리는 자신의 습관적 패턴에 따라 그 일들에 반응한다. 그러다 꿈속 이야기에 휩쓸리지 않는 순간이 온다. 그때 우리는 의식할 수도 있고 계속 잠든 채로 있을 수도 있는 선택권이 자신에게 있다는 사실을 갑작스레 깨닫는다.

꿈과 같은 되어감의 바르도에서는 업의 영향력이 매우 강해 일반적으로는 우리에게 선택권이 없다고 느끼기 쉽다. 이때 대부분이 자신의 경향성에 따라 다음 생으로 휩쓸려간다. 가르침에 따르면, 이곳에서 우리는 희미한 빛에 이끌려 이전 생에 우리가 가졌던 마음 상태나 경향성이 가장 자연스럽게 연결되는 여섯 세상 중 한 곳에 다시 태어난다고 한다. 그러나 되어감의 바르도에 대해 어느 정도 알고 있으면 그곳에서 일어나는 일을 인지하고 그에 따라 선택을 내릴 수 있음을 알 수 있다. 우리를 반기는, 희미하지만 아늑한 빛이 저급한 세상으로 우리를 이끈다는 사실을 기억하고 더는 그 방향으로 가지 않겠다고 선택할 수 있는 것이다.

트룽파 린포체는 되어감의 바르도를 준비하는 훈련에 관해 이야기했다. 살아 있는 동안에 우리가 '마법의 문턱'에 서게 되는 순간들을 활용하라는 것인데, 여기서 마법의 문턱에 서는 순간들이란 익숙하지 못한 일들을 반기며 환영하거나 아니면 그와 반대로 익숙한 것으로 돌아가 버리는 선택권이 우리에게 주어진 순간들을 말한다. 다시 말해, 미지의 것에 열리거나 아니면 습관적인 행동으로 되돌아가는 선택권을 우리가 갖는 순간이다.

지금으로서 우리는 안락함을 추구하는 경향 때문에 자신의 습관적 행동이 나쁜 결과를 가져온다는 사실을 알면서도 그것을 선택하고 만다. 그렇지만 우리가 매번 나쁜 선택을 내릴 운명에 처한 것은 아니다. 초콜릿 한 박스를 다 먹고 와인 한 병을 통째로 마시면 처음에는 안락함을 느끼지만, 최초의 만족감이 사그라지면 몸과 마음이 불편하다는 사실을 당신은 경험으로 알고 있다. 이런 습관적 행동을 계속 반복하면 당장은 수월해도 고통스러운 결과를 반드시 초래하고 만다. 그렇지만 습관의 유혹이 그냥 지나가도록 놓아둘 수 있다면(물론 어려운 일이다), 당신이 무엇을 하든 이전보다 나은 결과가 생길 것이다.

되어감의 바르도에서 희미한 빛이 나타나기 시작하는 시점은 우리가 지은 업에 따라 이곳저곳을 일정 시간 떠돌아다닌 뒤다. 그때가 되면 바르도의 존재는 지친 상태로 안정된 형상을 필사적으로 얻고자 하는데 그에 따라 신체적 몸을 갈구하게 되는 것이다. 이때 그는 자신의 안락지대 바깥에 매우 오래 있었던 터라 친숙함과 안정적인 토대를 제공하는 것이면 무엇이든 거부하기가 어려워진다. 트룽파 린포체는 이런 마음 상태를 거리의 오랜 노숙 생활에 지쳐 자기 아파트를 구해 안정적으로 정착하고 싶은 사람의 마음에 비유했다.

순수 세상에 태어나려는 바람을 갖고 되어감의 바르도를 지나는 동안에 우리의 생각을 그곳으로 향하지 않으면 반드시 삼사라 윤회의 세계에서 또 다른 생을 받게 될 것이다. 그렇지만 우리의 무의식적 습관이 휘두르는 힘에 휩쓸려 저급한 세상에서 길을 잃는 일을 피하는 것은 지금도 결코 늦지 않았다. 여기서도 이것은 우리의 생각을 어디로 향해야 하는지 아는 문제이다. 그렇다면 여기서 던져야할 질문은 '다시 태어날 윤회 세상을 우리가 선택할 수 있다면 어느 세상을 선택해야 하는가'이다.

우선 나는 신의 세상에는 다시 태어나지 않으려 한다. 설령, 신의 세상에서 누리는 무한한 즐거움이 일반적으로 인간들이 바라는 것이라 해도 말이다. 신의 세상은 (그것이 실제 장소이든 아니면 우리의 마음 상태를 가리키는 것이든) 삶의 좋은 것을 모두 갖춘 한편, 나쁜 것은 하나도 없는 곳처럼 보인다. 그러나 우리의 목표가 삼사라 윤회에서 완전히 벗어나는 것이라면 이런 특권은 우리의 목표에 이르는 데 도움이 되지 않는다. 신들은 지극한 즐거움을 누리느라 다른 사람과 동물들이 겪고 있는 고통에 가 닿을 여지가 없다. 이것을 흔히 '무감각의 사치'라고 부른다. 이 상태에 있으면 다른 존재에 대한 연민의 마음을 느끼기 어렵고, 변화를 위한 동기를 일으키기도 힘들다. 이런 이유로 신의 세상은 영적 침체 상태에 빠지는 장소가 되기 쉽다.

질투하는 신의 세상은 신의 세상보다 즐거움이 적은 곳이다. 질투하는 신들 또한 자신을 돌아보지 못하기 때문에 이곳 역시 신의 세상보다 조금도 나을 것이 없다. 그리고 오직 공덕이 높은 보살만이 저급한 세상에 태어나겠다는 선택을 내릴 수 있다고 한다. 저급한 세상은 극심한 고통이 끊임없이 이어져 고통과 고통 사이에 조금의 틈도 없는 곳이다. 저급한 세상의 존재들은 자신들이 지금 당하고 있는 고통과 불편함, 두려움에서 헤어나지 못한 채 그 괴로움의 근본 원인을 살피고 거기서 빠져나오는 방법을 찾을 능력이 없다. 그들은 자신이 현재 당하고 있는 고통스러운 경험에만 온 신경이 쏠려 있다.

이런 식으로 각각의 세상이 가진 장단점에 대해 생각해보면 우리가 태어나야 할 가장 이상적인 세상은 내가 지금 사는 인간 세상이라는 사실을 알게 된다. 인간으로 사는 삶이 소중한 것은 좋은 때와 나쁜 때, 희망과 절망, 명료함과 혼돈의 순간이 더불어 존재하기 때문이다. 물론 모든 인간의 삶이 이와 같지는 않다. 어떤 사람은 신처럼 주변의 고통에 무감각한 채로 살며 어떤 사람은 질투하는 신처럼 경쟁심에 휩싸여 산다. 그리고 커다란 고통을 겪으며 영적인 길을 가는 데 필요한 마음의 여유를 조금도 갖지 못한 채 사는 사람은 더 많다. 그들은 어려움으로 가득한 장소와 상황에 살아서 외부 세계로부터 주의를 거두어 자기 내면의 변화를 위한 노력에 관심을 가질 만큼의 사치를 누릴 여유가 조금도 없다.

그러나 이 책을 읽고 있는 당신은 이 부류 중 어디에도 속하지 않을 것이다. 당신의 삶은 아마도 당신이 삶의 해답을 찾아 나설 정도의 적정한 고통을 당신에게 안겼을 것이다. 그리고 당신이 위안 삼을 정도의 적절한 안락함도 주었을 것이다. 영적 성장이라는 관점에서 보자면 인간 세상이야말로 당신이 다시 태어나기에 가장 적절한 곳이다. 행복과 고통이 교차하는 인간 세상은 깨어남에 필요한 비옥한 토양을 제공하는 데 완벽한 균형을 이룬 곳이다. 그러니 만약 당신이 삼사라 윤회의 세상에 다시 태어나야 한다면, 지금 사는 생과 비슷한 생으로 다시 태어나는 것을 목표로 삼는 게 좋다. 실제로 당신의 다음 생이 이번 생보다 나을 확률은 매우 높다. 이번 생에서 다음 생으로 가져가는 것은 우리의 경향성이 전부인데, 당신이 이번 생에 계발하고 있는 긍정적인 습관은 다음 생으로 옮겨가서 다음 생의 '새로운 당신'에게도 이로움을 줄 것이다.

만약 우리의 목표가 자신의 온전한 잠재력에 깨어나

자신과 다른 존재들이 혼돈에서 벗어나도록 돕는 것이라면, 그리고 우리 자신의 활짝 열린 가슴과 빛나는 하늘 같은 마음을 즐기는 것이라면, 우리가 지금 있어야 할 이상적인 장소는 인간 세상이다.

인간 세상에 살면서 얻는 커다란 이익 중 하나는 다른 세상들과 윤회를 전체적으로 바라보는 관점을 얻는다는 점이다. 인간 세상에서 겪는 다양한 고통과 즐거움의 경험 그리고 우리의 상상력 덕분에 우리는 다른 사람들이 무엇을 겪고 느끼는지 잘 안다. 행복을 느낄 때 우리는 행복한 느낌이 어떤 것인지 안다. 그렇기에 다른 사람들의 즐거움과 행운을 보면서도 기쁨을 느낀다. 인간 세상의 피할 수 없는 길흉화복을 경험하며 역경을 딛고 나아가다 보면 우리가 당하는 불편함이 성장에 필요한 소중한 도구임을 알 수 있다.

우리가 겪는 고통은 타인의 고통을 들여다보는 창이 되어 우리의 공감력을 키운다. 우리가 겪는 혼란은 타인이 겪고 있는 혼란에 마음을 열어준다. 우리가 느끼는 불안은 불안에 빠진 사람들에 대한 배려의 마음을 키운다. 이제 우리는 모든 사람이 이런저런 방식으로 힘들어하고 있음을 알아보기 시작한다. 그것은 동물이 당하는 고통일 수도 있고, 질투하는 신들이 겪는 고통일 수도 있지만 어쨌거나 고통은 힘겨우며 거기서 벗어나는 것이 얼마나 어려운 일인지, 이제 우리는 안다. 이런 관점에서 볼 때 인간 세상을 소중히 여기며 다음 생에서도 인간 세상에 태어나길 바라는 것은 이치에 맞다. 나아가 당신이 영적인 가르침을 자연스럽게 만나며 다른 존재들에게 최상의 이익을 줄 수 있는 상황에 다시 태어나겠다는 서원을 품는 일은 더 타당하다. 『티베트 사자의 서』에는 이런 기도가 나온다.

"내가 어디에 태어나든, 그곳이 모든 살아 있는 존재들이 행복을 누리는 축복의 땅이 되기를."

소중한 인간 생명으로 다시 태어나겠다는 서원을 품는다면 지금 우리가 사는 다채롭고 소란스러운 삶에 감사할 수 있다. 삶이 언제나 쉽지만은 않지만, 인간으로 살아가는 지금이 우리의 영적 성장에 필요한 바로 그것을 줄 수 있다는 사실을 안다. 이런 인식은 되어감의 바르도를 지나는 마지막 시점에서 우리가 인간 세상으로 향해 가는 데 도움을 줄 것이다.

피할 수 없는 삶의 끝을 준비하면서 우리가 할 수 있는

네 가지 중요한 서원이 있다. 그것을 계획 A에서 계획 D까지 세워볼 수 있는데, 우선 계획 A는 죽음의 순간에 아이 빛을 어머니 빛과 합일시키는 방법으로 깨달음을 얻는 것(5~7장 참조)이다. 계획 B는 다르마타의 바르도에서 밝은 빛이나 신들과 합일함으로써 깨어나는 것(17장 참조)이다. 계획 C는 순수 세상에 다시 태어나 영적인 길에서 빠르게 나아가는 것(20장 참조)이며, 마지막으로 계획 D는 영적 성장에 도움이 되는 조건을 갖춘 인간 존재로 다시 태어나는 것이다. 우리가 이 서원 중 하나라도 이룬다면 잘 살았던 삶이라고 할 수 있을 것이다.

한편 완전한 깨어남의 가능성은 우리가 이루기에 먼 미래의 전망이 아니다. 당신과 나 같은 사람이 머지않은 미래에 이룰 수 있다. 이 주제를 두고 오겐 틴레 도르제(Ogyen Trinley Dorje) 17대 카르마파 성하와 이야기를 나눈 적이 있다. 그는 내가 매우 존경하는 깊이 있는 스승으로 우리가 어떤 순수 세상에 다시 태어나도록 서원을 품어야 하는지 물었던 적이 있다. 그는 한참을 생각하더니 이렇게 답했다. "아미타불의 순수 세상인 수카바티에 다시 태어나면 아주 좋습니다. 그렇지만 이 모든 걸 뛰어넘어 어머니 빛과 아이 빛이 만나도록 하면 어떨까요?" 어려운 주문이라고 느꼈지만 나는 이것을 그가 가슴으로 전하는 소중한 조언으로 지금도 간직하고 있다.

24

타인의 죽음과 죽음 과정에 도움 주기

어머니가 돌아가셨을 때 나는 어머니가 돌아가시고 나서도 임종 장소에 미처 도착하지 못했다. 하지만 트룽파 린포체는 돌아가신 어머니를 돕는 것은 아직 늦지 않았다고 내게 말했다. 그는 내게 돌아가신 어머니 곁에 앉아 그녀가 어머니로서 얼마나 훌륭한 분이었는지, 내가 어머니를 얼마나 사랑했는지 말씀드리라고 했다. 또 살면서 함께한 소중한 기억을 나누며 어머니가 즐겁고 편안해할 만한 어떤 말이든 해드리라고 했다.

트룽파 린포체가 내게 전한 또 하나의 중요한 조언이 있다. 이제 어머니는 돌아가셨으니 삶을 내려놓으셔도 좋으며 가족들을 일일이 챙길 필요도 없다는 말씀을 돌아가신 어머니 곁에서 계속 상기시켜 드리라는 것이었다. 나는 린포체의 조언을 그대로 따랐다. 돌아가신 어머니와 영안실에서 이렇게 단둘이 보낸 시간은 나에게 감동으로 다가왔다. 나는 어머니의 마음을 편안하게 위로하면서 어머니가 죽음의 단계를 편히 지나도록 돕고 있다고 느꼈다.

내가 돌아가신 어머니를 위로한 방식은 티베트의 죽음관에 토대를 두고 있었다. 티베트에서는 사람이 죽은 뒤에 망자의 의식이 일정 시간 죽은 몸 곁에 머문다고 믿는다. 육체는 비록 죽었어도 의식은 지금 무슨 일이 일어나는지 아직 알고 있다는 것이다. 이런 관점은 내가 이야기를 나눠본 많은 호스피스 의료진들의 관점과도 같았다. 돌보던 환자가 죽으면 호스피스 의료진은 평화로운 분위기를 유지하고자 최선을 다한다. 망자에게 어떤 말을 해주어야 할지, 망자의 시신과 소유물을 어떻게 다루어야 할지 세심히 배려한다.

사람들이 내게 죽음의 과정과 바르도를 지나는 사람들을 어떻게 도우면 좋을지 물으면 나는 위의 이야기로 답을 시작한다. 당신의 신앙이 무엇이든 상관없이, 죽어가는 사람이 지금 중요한 변화를 거치고 있다는 사실을 잊지 않는 것이다. 망자는 자신이 죽어가고 있음을 알아챈 순간부터 매우 강렬한 체험을 여러 차례 겪게 된다. 이때 우리가 할 수 있는 최선은 어떤 일이 일어나든 열린 마음으로 그것과 함께 현존하는 것이다. 망자가 중증 치매에 걸렸든 혼수 상태에 있었든 아니면 그저 죽음으로 직행했든 상관없이, 곁에 있는 우리는 우리가 곁에 있다는 사실을 그들이 알고 있다는 가정 아래에서 행동해야 한다. 그러면서 믿음과 사랑을 주는 안정된 방식으로 망자와 함께하고자 노력해야 한다.

테레사 수녀는 인도 콜카타에 자신의 호스피스 병원을 세웠다. 죽음의 과정에 들어선 사람들이 주변의 사랑을 받고 있다고 분명히 느끼게 하려는 취지였다. 테레사 수녀는 그녀가 아니었다면 돌보는 사람 한 사람 없이 거리에서 홀로 죽음을 맞았을 많은 사람을 호스피스 병원에 데려왔다. 그렇게 그들이 마지막 남은 날을 평화와 사랑의 분위기에서 보낼 수 있도록 했다. 우리 역시 우리와 관련된 죽어가는 사람, 그리고 최근에 죽은 사람들을 위해 이런 단순한 동기를 마음에 간직할 수 있다. 그렇게 한다면 그들에게 위안을 주고 그들이 자연스럽게 죽음으로 옮겨가도록 돕는 여러 가지 일을 할 수 있을 것이다. 다시 한번 지가 콩트룰 린포체의 기도 한 줄을 떠올려본다.

"내가, 편안하고 지극히 행복한 마음으로, 고향에 돌아온 아들딸처럼 이번 생에 대한 모든 집착을 내려놓을 수 있기를."

우리는 지금 죽어가는 사람, 이미 죽음에 이른 사람을 위해 이런 편안함과 지극한 행복을 빌어줄 수 있다. 그리고 이것은 우리 자신을 위한 기도이기도 하다.

죽음의 과정에 들어선 사람들을 돕기 위해 돌봄과 용기를 북돋는 위와 같은 일반적인 조언의 범주 안에서 그 밖의 추가적인 것들을 여러 가지로 권할 수 있다. 그중 일부를 지금부터 소개한다. 나는 주로 티베트의 관점에서 이야기할 테지만, 내가 전하는 조언 중 많은 부분은 당신이 믿는 신앙 체계나 당신이 돌보고 있는 특정인에 맞게 적용해도 무방하다.

첫 번째 조언은 죽음의 과정에 들어선 사람에게 지금 무슨 일이 일어나고 있는지 단계별로 알려주라는 것이다. 우리 자신이 신체의 외면적 분해가 보내는 신호에 대해 잘 알고 있다면, 죽음의 과정에 들어선 사람에게 가령 지금 흙의 요소가 분해되고 있음을 알려줄 수 있다. 지금 그가 느끼는 무겁고 불편한 느낌은 자연스러우니 두려워할 필요가 없다고 말해주는 것이다. 이렇게 하면 그는 자신이 지금 지나고 있는 과정이 보편적인 죽음 과정의 일부임을 이해할 것이다.

그가 신체적으로 죽음을 맞이한 뒤에는 지금 어떤 단계에 있는지 우리는 알 수 없을 것이다. 하지만 그가 불교인이거나 영적인 성향의 사람이라면 그들에게 대화 형식으로 적힌 『티베트 사자의 서』에 나오는 한 구절을 읽어줄수도 있다. 전통적인 방식 한 가지는 죽은 자의 귀에 대고속삭여주는 것이다. 망자가 되어감의 바르도를 지나는 49일 동안 이 책을 계속 읽어줄 수도 있다. 이 상태에 있는 존재들은 일정 정도의 비상한 통찰력을 지니고 있으므로 그들과 소통하기 위해 물리적으로 그들 곁에 있을 필요는 없다. 그러나 만약 망자가 다른 신앙을 가졌거나 살면서 『티베트 사자의 서』처럼 낯선 책을 한 번도 접해보지 않은 사람이라면, 내가 어머니에게 했던 것처럼 감사의 마음을 전하는 이야기를 나누는 게 가장 좋다. 어느 경우든 그가 죽음에 이르렀다는 사실, 그리고 앞으로 나아갈 수 있다는 사실을 자주 떠올려주는 게 가장 중요하다.

몇 년 전에 나 혼자 집중 수련을 한 적이 있다. 그때 내가 집중적으로 관심을 가졌던 것이 바르도의 가르침이었다. 집중 수련을 하는 동안에 친한 친구 한 명이 세상을 뜨고 말았다. 나는 집중 수련 중이라 시간이 넉넉했다. 그래서 세상을 뜬 친구에게 말을 걸고 『티베트 사자의 서』를 읽어주는 등 친구를 격려할 수 있는 모든 것을 하면서 49일을 보냈다. 죽은 친구가 지금 무엇을 경험하고 있는지 확실하지 않았지만, 바르도에 관한 영감을 주는 말들을 내가 던져주면 친구가 알아들으리라 생각했다. 친구는 죽음에 이르기 전 몇 년을 알츠하이머병을 앓으며 힘들어했다. 그러나 이번 생의 생명을 구성하는 요소들이 분해되고 나면 지금껏 그를 가리고 있던 구름과 의식은 지혜의 말에 활짝 열린다. 친구와 이 과정을 겪고 나서 죽음에 관한 내 생각에 큰 가르침을 얻었다. 바르도에 관한 가르침은 이제 나에게 더욱 실제적인 것으로 다가왔다. 그뿐만 아니라 나의 죽음, 즉 이번 생에서 다음 생으로 이동하는 나 자신의 죽음이라는 도전 또한 반기며 맞이할 수 있겠다는 영감이 일어났다.

트룽파 린포체는 누군가의 죽음 뒤 처음 3일이 특히 중요하다고 우리에게 가르쳤다. 어떤 두 사람도 정확히 같은 방식으로 죽는 사람은 없으므로, 마지막 분해가 일어나는 시점을 정확히 알 수는 없다. 그래서 의식의 요소가 공간으로 분해되어 사라질 때 마지막 분해가 일어나는 것으로 본다. 의식의 요소가 분해되어 사라질 때 우리는 우리의 아이 빛이 어머니 빛과 하나 되게 함으로써 깨달음을 얻는 기회를 얻는다. 다시 말해 의식이 분해되어 사라지는 때가 매우 중요한 순간이다. 린포체의 제자들은 누군가가 죽으면 3일 동안 그 자리에 계속 놓아두는데, 이것은 망자가 분해의 과정을 지나는 계획 A와 다르마타의 바르도를 지나는 계획 B에 필요한 시간을 충분히 갖도록 하려는 취지다. 이때 우리는 명상을 하며 망자 곁에 앉아 통렌 수행을 할 수도 있다. 3일이라는 짧지 않은 시간 동안 망자의 시신을 자리에 그냥 두기 어렵다면 최대한 상황에 맞추어 적용하면 된다. 망자가 열림과 용기의 마음을 갖도록 편안한 분위기를 만드는 게 중요하다.

망자가 되어감의 바르도를 지난다고 생각되는 어느 시점에 우리는 '수카바티' 의식을 행할 수도 있다. '수카바티'는 사람들이 다시 태어나기를 열망하는 장소인 '아미타불의 순수한 땅'에서 이름을 가져왔다. 수카바티 의식에서 우리는 망자의 사진과 그의 이름을 적은 종이를 불에 태운다. 망자가 이것을 보게 하려는 의도다. 이렇게 하면 망자가 자신이 죽음에 이르렀다는 사실을 깨달아 다음 단계로 이동하도록 부드럽게 격려할 수 있다. 그러면서 이제 망자가 모든 것을 내려놓을 수 있으며, 망자 주변의 모든 것과 모든 사람이 문제없이 괜찮다는 점에 대해서도 믿음을 줘야 한다. 이 의식을 치르면 망자가 꿈과 같은 되어감의 바르도에서 깨어나, 순수 세상이든 영적 구도의 길을 가는 인간 존재든 더 좋은 다음 생을 선택할 확률이 커진다.

물론 이런 믿음을 갖고 자기 대신 이 수련과 의식을 치러주길 바라는 사람에게도 이 일이 언제나 계획대로 되는 게 아니다. 당신은 병원으로 이동하는 중에 갑자기 죽을 수도 있고, 정신 사나운 병원 장비에 매달린 채로 죽을 수도 있다. 또 당신의 시신 곁에서 가족들이 말다툼을 벌여 고요한 분위기가 깨질 수도 있다. 우리의 예상대로 되지 않을 경우의 수는 수도 없이 많다. 따라서 당신이 평화로운 죽음을 바란다면, 살아 있는 동안에 평화로운 마음을 계발하는 게 최선이다. 원치 않는 일이 당신의 삶에 일어나더라도 당황하거나 화를 내지 않는 연습을 지금 해야 한다.

누군가가 죽었을 때 고려해야 하는 또 한 가지는 망자의 물건을 어떻게 다룰 것인가이다. 우리가 자기 물건에 얼마나 집착하는지 생각해보면, 망자가 소유했던 물건을 함부로 다루면 그가 얼마나 불편해할지 짐작할 수 있다. 망자가 소중히 간직한 물건을 일일이 원래 상태로 보관하는 것은 비현실적이다. 하지만 우리는 어떻게 하든 망자의 물건에 대한 그의 애정을 염두에 두고, 존중하는 마음으로 그의 물건을 다루어야 한다. 그리고 망자의 물건을 두고 서로 다투어서는 안 된다. 49일 동안 이렇게 한다면 그것이 우리가 할 수 있는 최선이다.

나 역시 내 물건에 애착을 줄이기 시작했다. 바르도를 지나는 동안 물건 때문에 마음이 불편하지 않도록 하기 위해서다. 나는 죽은 뒤 어느 물건이 누구에게 가야 하는지 목록을 작성했다. 하지만 죽기 전에 내 물건을 최대한 주변에 나눠주려고 한다. 물병처럼 사소한 물건도 그것을 잃어버렸을 때 내가 얼마나 신경을 쓰는지 생각해보면 미리부터 물건에 대한 집착을 줄일수록 더 편안하게 바르도를 지날 수 있을 것이다.

내가 좋아하는 이야기가 있다. 물건에 대한 집착을 줄이는 데 온통 전념한 나머지 죽기 전에 자기 물건을 모조리 나눠준 어느 스님의 이야기다. 죽음의 순간에 이르러 그는 자신의 침대 테이블에 놓인 찻잔 하나를 보고는 곁에 있던 친구에게 찻잔을 건네 달라고 부탁했다. 찻잔을 받아 든 스님은 이내 그것을 창밖으로 던져버렸다. 지구상에서 행한 그의 마지막 행동이었다.

어떤 식으로 죽음에 이르건, 죽는 사람을 돕는 방법은 여러 가지가 있다. 이것은 죽은 뒤에 시간이 꽤 흘렀어도 상관이 없다. 공덕을 짓는 행동을 망자에게 바치며 그들의 행복을 빌어주는 것이다. 가난한 이들에게 돈을 줄 수도 있고, 도움이 필요한 동물을 도울 수도 있다. 외로운 독거노인을 찾아가 보살필 수도 있고 아니면 그저 누군가에게 미소를 지을 수도 있다. 당신이 다른 사람을 위해 행하는 어떤 행동이든, 지금 죽어가거나 이미 세상을 뜬 사람들에게 도움을 주려는 마음이 함께 할 수 있다.

아버지가 돌아가셨을 때, 나의 첫 번째 불교 스승인 라마 키메 린포체는 아버지가 가장 좋아하셨던 음식과 음료를 49일 동안 아버지께 올리라고 했다. 린포체의 조언을 따라 나의 사당에서 매일 아침 아버지께 음식과 음료를 올렸다. 그리고 매일 저녁이면 사람들이 밟지 않는 적당한 장소에 음식을 내놓았다. 나중에 알았지만, 이 관습은 되어감의 바르도에서 배고픔과 목마름을 느낀 망자가 자신에게 특별히 바쳐진 음식과 음료에서만 만족을 얻을 수 있다는 믿음에서 나왔다. 이것이 실제로 사실인지 나는 모른다. 하지만 매일 아침 아버지에게 올릴 음식과 음료를 차릴 때마다 나는 아버지와 더 가까워졌다고 느꼈고, 그 느낌을 간직하고 싶었다. 그때 이후로 나는 다른 사람에 대해서도 이 수련을 하고 있다. 친한 친구가 세상을 떴을 때 나는 그녀가 좋아하는 에스프레소와 초콜릿을 매일 푸짐하게 차렸다. 나에겐 뜨거운 물과 사과파이면 충분하다.

죽는 사람을 돕는 방법으로 당신은 통렌 수행을 할 수도 있다. 가령 사랑하는 사람이 죽어가고 있거나 이미 죽었다고 하자. 그러면 우선 커다란 사랑의 마음으로 그 사람을 마음속에 잠시 떠올리는 시간을 갖는다. 그런 다음 그가 지금 겪고 있을지 모를 불편함과 두려움, 혼란 등 그를 불행하게 만드는 모든 것에서 그가 벗어나기를 바라면서 함께 숨을 들이쉰다. 그런 다음 숨을 내쉬면서는 당신의 모든 사랑과 배려의 마음을 그에게 보낸다. 그를 행복하게 하고 편안하게 하는 것이면 무엇이든 마음으로 보내본다.

부모님이 돌아가신 지 오래됐지만 지금도 나는 부모님을 위해 통렌을 하고 있다. 이것이 실제로 부모님에게 도움이 되는지는 잘 모른다. 하지만 나에게는 분명 도움이 된다. 그리고 나와 부모님은 매우 가깝게 지냈으므로 이 수행이 부모님이 어디 계시건 상관없이 그분들의 마음에도 좋은 영향을 주었으리라고 생각한다.

마지막으로, 당신과 가까이 지내던 사람이 죽었을 때 그 상실감을 충분히 애도하는 것이 중요하다. 불교에는 망자를 그리워해서는 안 된다고 말하는 가르침은 없다. 가까운 이의 죽음을 별일 아닌 듯 받아들이라고 말하는 가르침도 없다. 불교의 가르침에서는 죽음 뒤에도 의식이 계속되고 긍정적인 경향성을 지닌 사람은 다음 생에 좋은 곳에 다시 태어난다고 말하지만, 슬픔은 인간이 지닌 자연스럽고 아름다운 감정이다. 슬픔이 부풀어 올라 당신을 집어삼킬 땐 불편하게 느껴진다. 하지만 시간이 지나면 슬픔도 조금씩 잦아든다. 세상을 떠난 그 사람을 한 번씩 떠올릴 때면 울음을 터뜨릴 테지만, 좋은 일이다. 사랑의 징표이기 때문이다.

충분히 슬퍼하도록 자신에게 허용할 때 모든 것을 조금씩 내려놓을 수 있다. 그것은 무상이라는 자연스러운 흐름이 계속되도록 허용하는 것과 같다. 물론 우리는 무상이라는 흐름이 절대 멈추지 않음을 안다. 하지만 우리 마음은 모든 것을 순식간에 동결시켜 과거에 사로잡히게 하는 마법 같은 능력도 있다. 슬픔은 우리가 앞으로 나아갈 준비가 됐다고 느낄 때 우리의 삶을 계속할 수 있게 한다.

트룽파 린포체는 '슬픔의 참된 마음'에 대해 자주 이야기했다. 이것은 당신이 사람들과 연결되어 있다고 느끼는 장소, 열린 마음으로 세상을 받아들이는 부드러운 열림의 장소이다. 이런 열린 마음은 슬픔과 함께 일어날 수 있는 긍정적인 마음 상태이다. 슬픔을 느끼는 상태에 있을 때 나는 모르는 사람, 심지어 앞으로 다시 볼 일이 없는 사람과도 연결되어 있다는 느낌, 감사의 마음을 느꼈다. 내가 슬픔에 빠져 있었을 때 우체국에 갔던 적이 있다. 문득 그곳에 줄 서 있는 사람들에게 나는 무한한 사랑을 느꼈다. 분노나 질투심 같은 고통스러운 감정과 달리, 슬픔은 우리를 분리하지 않고 오히려 연결한다. 그것은 아마도 슬픔이 우리 삶의 모든 면에 깃들어 있는 보편적인 무상함을 더 잘 알아보게 하기 때문일 것이다. 밤은 낮으로 바뀌고, 신선한 꽃은 이내 시들며, 아이들은 어느새 훌쩍 자라고, 우리는 쉴 새 없이 늙어간다.

이와 함께 우리는 두 가지 진실에 관한 가르침을 마음에 새겨야 한다. 상대적 차원에서 볼 때 모든 것은 변하며 모든 사람이 죽는다. 모든 사람과 사물이 구름처럼 덧없다. 이것은 우리의 마음을 아프게 한다. 그러나 절대적 차원에서 보면 아무것도 죽지 않는다. 이번 생을 다하면 다음 생이 오며 우리의 몸도 태어났다 사라진다. 하지만 우리의 참 본성은 언제나 그대로이다. 우리의 참 본성은 우주 공간과 같다. 그것은 생명이 나타날 가능성을 가득 품은 광대한 우주, 불멸의 우주이다.

25

바르도에 있는 동안 깨어나기

바르도에 관한 이 가르침은 우리의 삶을 의미 있게 만드는 방법과 우리에게 일어나는 모든 일을 깨어남의 길로 변화시키는 방법에 관한 것이다. 우리가 일상에서 부딪히는 일시적이고 변화무쌍한 환경에 어떻게 응대하느냐는 우리가 죽을 때나 지금이나 똑같이 중요하다. 트룽파 린포체가 말했듯이 "현재 상황이 중요하다. 그것이 핵심이다. 그것도 아주 중요한 핵심이다."

우리의 삶을 바르도가 계속 이어지는 과정으로 보는 수련은 우리에게 큰 도움이 된다. 과거는 지나갔고 미래는 아직 오지 않았다. 우리는 과거와 미래 사이에 놓인 순간을 포착할 수 없지만, 그것이 바로 우리에게 존재하는 전부이다. 나는 우리가 두 가지 상황 사이에 놓인 그 틈, 그 멈춤, 그 열린 공간을 알아보는 능력을 키울 수 있음을 알았다. 우리는 끊임없이 시작하고 끝나는 삶 속에 서 있다고 느낄 수 있다. 그리고 이것을 우리의 지속적인 알아차림 수행으로 삼을 수 있다. '이것'이 끝나면 '저것'이 시작된다. 우리가 죽어 다시 태어난다는 생각은 순전히 육체의 탄생과 죽음에 관한 것만은 아니다. 다시 태어남은 매 순간 일어나고 있는 과정이다. 우리는 다시 태어남을 이런 관점에서 바라볼 수 있다.

명상할 때 생각과 생각 사이의 비어 있는 공간을 알아볼 수 있다. 먼저 일어난 감정과 다음에 일어나는 감정 사이에 놓인 빈틈을 볼 수도 있다. 잠들 때와 깨어날 때 사이에 놓인 틈을 알아볼 수 있으며, 어떤 것의 존재와 부존재 사이에 놓인 틈, 일어남과 사라짐 사이에 놓인 틈을 계속 알아차릴 수도 있다. 컵을 떨어뜨렸을 때, 바닥에 미끄러질 뻔했을 때, 나쁜 소식을 접했을 때, 갑작스러운 충격을 받았을 때도 거기에 존재하는 틈을 알아볼 수 있다.

아침에 일어나 잠에서 깼을 때, 거기에는 잠든 상태와 아직 잠에서 완전히 깨지 않은 상태 사이에 비어 있는 공간이 있다. 나는 자리에 앉아 명상한다. 그것은 신선한 경험이다. 명상이 끝나면 화장실로 가 대소변을 본 뒤 얼굴에 찬물을 끼얹는다. 그러면 그것도 끝이 난다. 이번에는 부엌으로 간다. 새로운 삶이 시작된다. 물을 끓이고 아침을 준비하며 약을 먹는다. 그러면 그것도 끝이 난다. 이제 나는 자리에 앉아 아침을 먹는다.

한 생이 끝나면 다음 생이 온다. 새로운 시작과 새로운 끝이 끊임없이 이어진다. 트룽파 린포체가 주유소에 들른 자기 경험을 이야기한 적이 있다. 그것은 우리가 바랄 수 있는 가장 멋진 경험으로 들렸다. 자동차를 운전하다 멈춘다. 틈이 있다. 엔진을 끈다. 다시 틈이 생긴다. 창문을 내리고 이렇게 말한다. "가득이요."(이런 일은 자주 있었다. 정말이다!) 기다린다. 다시 틈이다. 마지막으로 차를 몰고 주유소를 나선다. 그 바르도에서 다음 바르도로 간다. 하나의 멋진 경험에서 다음의 멋진 경험으로 옮겨간다.

살면서 우리에게는 선택권이 있다. 생각에 빠지고 감정에 이끌려 평소처럼 자각 없는 상태로 살 것인가, 아니면 거기서 깨어나 모든 것을 마치 처음인 듯 새롭게 경험할 것인가. 또 우리는 우리가 처한 상황에서 근본적으로 디딜 곳이 없다는 막막한 느낌을 마냥 피하지 않고 그것에 용감하게 다가가는 선택을 내릴 수도 있다. 우리 삶의 면면에 스민 디딜 곳 없는 막막한 느낌은 세 가지 측면을 갖는데 불확실성, 취약성, 불안정성이 그것이다. 바로 지금 이 느낌들과 어떻게 관계 맺느냐에 따라 죽을 때 우리가 그것과 관계 맺는 방식도 결정된다.

우리가 죽을 때 불확실성, 취약성, 불안정성은 매우 강해질 것이다. 몸과 정신이 분해될 때, 기존 상태를 계속 붙들고 있을 것인가 아니면 그것을 내려놓고 새로운 상태로 들어갈 것인가를 우리는 선택할 수 있다. 만약 두려움에 떨지 않고 내려놓을 수 있다면, 또는 두려움에 빠지더라도 거기 편안해질 수 있다면, 완전히 열린 공간이 우리에게 드러날 것이다. 이것은 완전한 깨어남의 순간인데, 디딜 곳 없는 막막한 느낌에 편안해질 수 있는가에 달려 있다. 죽음의 과정에서 한순간이라도 편안해질 수 있다면 우리에게 큰 도움이 될 것이다.

다르마타의 바르도에서 우리는 더 큰 세계로 이끌려 가는 두려움을 경험하기도 한다. 그런데 살면서 어떻게 수련했는가에 따라 이때 우리는 고통으로 가득한 저급하고 익숙한 세계로 끌려갈 수도 있고, 죽 뻗은 길을 택해 더 먼 시야를 확보한 곳으로 편안하게 이완해 들어갈 수도 있다. 설령 두려움에 빠지더라도 그것과 함께 머물며 그저 두려움을 느껴도 괜찮다. 살아 있는 동안 느낌과 함께하는 연습을 했다면 이 바르도에서 지금 느끼고 있는 느낌과도 함께 할 수 있을 것이다.

되어감의 바르도에 이르렀을 때 핵심이 되는 지침은, 지금 상태에서 도망가지 말고 안정적으로 그 자리에 머물라는 것이다. 두려움을 느낀다면 그 두려움과 함께 머물라. 두려움으로부터 즉각 도망가고 싶은 유혹에 저항하라. 삶과 죽음의 모든 바르도에서 핵심이 되는 지침은 바로 이것이다. "무엇이든 억지로 하려고 애쓰지 말라." 어떤 일이 일어나건 그것과 함께 거기 머물라. 바로 지금 당신이 느끼는 그것과 함께 머물라. 속도를 늦추고 주의를 기울여라. 불확실성, 취약성, 불안정성이라는 불편하고 아슬아슬한 장소에 머무는 능력을 키워라. 바르도에서 다음 바르도로, 틈에서 다음 틈으로 옮겨가는 끊임없는 변화와 더불어 자연스럽게 흘러가는 능력을 키워라.

트룽파 린포체는 우리에게 '자리를 지키라'고 충고하고는 했다. 지금 우리가 처한 자리를 지키는 것이 우리에게 가장 도움이 되는 일일 것이다. 그러면서 주위를 둘러보며 우리와 마찬가지로 두려움에 떠는 이들, 두려움에서 도망가려고 애쓰는 이들, 우리와 똑같이 위안과 사랑이 필요한 이들을 알아보아야 한다. 우리가 느끼는 감정은 가고 싶지 않은 세상으로 우리를 데려가기도 하지만, 우리를 우리와 상호 연결된 동료 존재들과 가슴으로 이어주기도 한다.

우리가 할 일은 우리가 처한 지금의 상황, 우리와 동행하는 인류가 처한 지금의 상황에 마음을 여는 것이다. 삶과 죽음에서 우리가 할 일은 우리에게 언제나 선택권이 있다는 사실을 깨닫는 것이다. 우리는 자각 없는 상태에 빠져 끝없이 반복하는 삼사라 윤회 세상을 계속해서 돌 수도 있고, 자각 없는 상태에서 깨어날 수도 있다. 그리고 지가 콩트룰 린포체가 말했듯이, 그것은 "당신에게 달려 있다."

끝맺으며

이시(Ishi)는 야히족(The Yahi)*의 마지막 생존자였다. 야히족은 골드러시를 지나며 거의 절멸했다. 처음에 이시는 가족들과 함께 황야로 도망쳤는데 수십 년 후에는 야히족의 유일한 생존자로 남았다. 이시는 1911년 어느 날 이른 아침에 캘리포니아 북부의 오로빌 마을에 거의 벌거벗은 채 불안한 모습으로 나타났다. 그로부터 머지않아 인류학자 앨프리드 크로버(Alfred Kroeber)가 기차를 타고 오로빌로 가 자신이 교수로 있던 버클리로 이시를 데려왔다. 크로버 교수는 이시와 함께 많은 시간을 보내며 그에 관해 알 수 있는 것을 모두 배우고자 했다. 이시도 어느 모로 보나 크로버 교수와 함께 지내는 것에 만족했다.

이시는 친절하고 마음이 따뜻했다. 사람들은 이시의 적응력에 놀랐다. 이시는 주변 사람들이 어떻게 하는지 늘 지켜보며 자신이 살던 세상과 완전히 다른 세상에서 어떻

● 야히족은 19세기 중엽 캘리포니아에 금광이 발견되면서 이주자들과의 수십 년에 걸친 충돌 이후 대학살로 몰락했으며 이후 뿔뿔이 흩어지며 완전히 절멸했다(옮긴이).

게 살아가야 하는지 생각했다. 누군가가 코트와 타이를 주면 이시는 기꺼이 그 이상한 물건들을 입고 맸다. 하지만 신발만은 정중히 거절했다. 발밑의 흙을 직접 느끼고 싶었기 때문이다.

어떤 현대인들은 크로버 교수가 이시를 이용했다고 본다. 물론 그렇게 생각할 수도 있다. 하지만 증거에 따르면 둘은 아주 가까운 친구로 지냈다고 한다. 마침내 두 사람은 말로 소통할 수 있게 되었다. 크로버 교수가 이름을 묻자 이시는 대답하지 않았다. 자기 부족 외의 사람에게 이름을 말하는 것은 야히족의 관습이 아니었다. 그래서 크로버 교수는 그를 '사람'이라는 뜻의 '이시'라고 불렀다. 이시도 그것을 승낙했다.

크로버 교수가 이시를 처음으로 기차역에 데려간 적이 있었다. 기차가 도착하자 이시는 역 기둥 뒤에 몸을 숨겼다. 그러다 이시는 기둥에서 나와 크로버 교수와 함께 기차에 올랐다. 나중에 서로 이야기를 나누며 크로버가 이시에게 그때 왜 기둥 뒤로 숨었느냐고 물었다. 이시가 대답했다. "예전에 멀리 산에서 기차를 본 적이 있어요. 그때 불과 연기를 내뿜는 기차를 보고는 사람들을 잡아먹는 괴물인

줄 알았어요." 크로버 교수가 물었다. "그러면 기차에 선뜻 올라타려는 용기는 어떻게 냈니?" 이시의 대답은 지금도 내게 영감을 주는 말로 남아 있다. "두렵다기보다 호기심이 생겼거든요."

이 책을 쓴 나의 주된 의도 역시 사람들이 죽음과 죽음의 과정을 '두려워하기보다 호기심을 갖게' 하기 위해서다. 죽음을 두려워하는 것은 우리에게 부담스러운 일이다. 그런데 내가 말했듯이 그것은 불필요한 부담이다. 죽음은 끊임없이 이어지는 바르도의 일부이자 탄생과 죽음이라는 경이로운 흐름의 일부이다. 삶과 완전히 친밀해지려면 죽음과도 충분히 친밀해져야 한다.

이시는 그의 행동으로 보건대 죽음과 완전히 친밀해진 사람이었음이 틀림없다. 그것은 그리 놀라운 일도 아니다. 그가 알던 모든 부족 사람들이 죽었고, 그 역시 오랜 시간 배고픔으로 죽을 뻔한 시간을 견디며 살았던 것이다. 이시는 잃을 게 아무것도 없었다. 우리 또한 탄생과 죽음이 매 순간 일어나고 있다는 사실을 알아볼 수 있다면 잃을 것이 아무것도 없다는 사실을 깨닫게 될 것이다. 그때 우리는 지구상에서 고통과 불안, 두려움을 겪고 있는 다른 존재들을 두려움 없이 커다란 연민의 마음으로 도울 수 있을 것이다. 그리고 이렇게 자유로워진 가슴과 마음으로 다른 사람들을 더 잘 도울 수 있을 것이다.

다른 많은 영적 전통과 마찬가지로 불교 역시 죽음과 적절한 관계를 맺어야 하는 사람들의 보편적인 필요성에서 출발했다. 미래에 붓다가 될 보살은 자신의 생애 초기를 죽음의 징조와 완전히 차단된 아버지의 안락한 궁전에서 보냈다. 그러나 어느 날 보살은 궁전을 박차고 나와 길거리의 노인과 병자, 시체를 보았다. 그들의 모습을 본 보살은 우리의 삶이 결국 이런 결과로 이어진다면 도대체 삶이란 무엇인가 하는 의문을 품지 않을 수 없었다. 그는 안락한 궁전을 떠나 삶과 죽음의 의미를 찾고자 했다. 그렇게 그가 탐구해 찾은 지혜는 오랜 시간과 세대를 거쳐 전해 내려왔다. 그리고 그 가르침이 내가 나의 스승들로부터 받은 지혜이다. 나는 그 지혜의 아주 작은 일부를 이 책에서 전하고자 했다.

내가 이 책에서 제시한 바르도에 관한 내용은 당신이 다른 곳에서 찾을 수 있는 지혜의 아주 작은 일부이다. 바르도에 더 관심이 있는 독자라면 책 뒷부분에 실은 '더 읽을거리'를 참조하길 바란다. 내가 보기에 우리가 죽음을 준비하는 과정에서 기억해야 하는 가장 중요한 것은 '우리가 어떻게 사느냐가 곧 우리가 어떻게 죽느냐를 결정한다'는 사실이다. 무상을 받아들이는 법을, 번뇌를 다루는 법을, 우리 마음의 하늘 같은 성질을 알아보는 법을, 우리 자신을 삶의 경험에 더 넓게 여는 법을 배운다면 사는 법뿐만 아니라 죽는 법도 배울 수 있을 것이다. 우리가 사는 세상과 우리 마음의 디딜 곳 없는 막막한 느낌과 예측 불가능성, 이해할 수 없는 성질을 기꺼이 배우고자 한다면 우리는 두려움이 아닌 호기심으로 자기 죽음을 맞이할 수 있을 것이다.

"인간으로 태어난 이 소중한 삶, 더없이 자유롭고 축복받은 인간의 삶이여, 내가 삶의 온전한 의미에 가닿도록 축복하소서. 죽음의 때는 불확실하니. 죽음에 이르러 후회하지 않도록 축복을 내리소서."

_ 마치크 라브드론, 카르마 차그메에 올리는 기도

부록 A

바르도 가르침의 역사

바르도의 가르침이 지금까지 전해 내려온 과정에 관한 전통적인 이야기는 꽤 특별하다. 8세기에 티베트의 트리송 데첸(Trisong Detsen) 왕은 자기 나라에 불교를 확고히 정착시키고자 했다. 스스로가 신심 깊은 다르마 수행자였던 왕은 붓다의 가르침을 폄으로써 신민(臣民, 신하와 백성)을 가장 잘 섬길 수 있다고 믿었다. 그러나 당시 티베트에서 붓다의 가르침은 무척 낯선 것이었다. 그때 티베트는 무법천지였다. 사람들은 순화되지 못해 거칠었고, 붓다의 가르침이 뿌리 내리지 못하게 정령과 악귀들이 방해하고 있었다. 왕은 거대한 불교 사원을 짓고 싶었지만 지어놓은 사원 건물을 매일 밤 정령들이 해체

한 뒤 그 흙과 돌을 원래 장소에 가져다 놓는 일이 계속됐다.

그러던 중 왕은 인도에 깨달음을 얻은 구루 린포체라는 스승이 있다는 이야기를 들었다. 구루 린포체는 길들이기 어려운 존재를 길들이는 능력이 있었다. 구루 린포체는 티베트의 말썽꾸러기들을 길들이기 위해 티베트에 온 뒤 삼예사원(Samye Temple)을 지었다. 이 사원은 지금까지도 남아 있다. 구루 린포체는 티베트에서 붓다의 가르침이 뿌리 내리는 데 크게 기여했다. 여러 제자를 가르쳐 높은 수준의 영적 깨달음을 얻도록 이끌었다. 그의 가르침 중 일부를 '보석'이라는 의미의 '테르마(terma)'라고 하는데, 가르침이 가장 필요한 때 새롭게 그것과 만나게 될 미래 세대를 위한 것이다.

그의 아내이자 가장 가까운 제자인 예셰 초걀(Yeshe Tsogyal)은 이 가르침을 기록으로 남겼고, 그녀와 구루 린포체는 그것을 티베트 전역에 숨겨놓았다. 구루 린포체는 스물다섯 명의 주요 제자들에게 그들의 미래 생에서 이 테르마를 발견할 수 있는 권한을 주었다. 이 제자들은 '보물 발견자'를 의미하는 '테르퇸(tertön)'으로, 오랜 세월에 걸쳐 여러 번 다시 태어난다고 한다. 초감 트룽파 린포체도 테르퇸 중 한 사람으로 알려졌으며, 그가 발견한 구루 린포체의 가르침 중 하나가 오늘날에도 그의 많은 제자들이 정기적으로 수련하고 있는 『마하무드라의 사다나(Sadhana of Mahamudra)』라는 책이다.

『바르도 퇴돌(Bardo Tödrol)』은 14세기에 중부 티베트 감포 언덕에서 카르마 링파(Karma Lingpa)가 발견한 테르마의 일부이다. [내가 이 책의 가르침 중 일부를 가르쳤던 노바스코샤에 있는 사원의 이름이 감포 사원인데, 감포 언덕에 자기 사원을 지었던 유명한 스승 감포파(Gampopa)의 이름을 따서 지은 것이다.] 『바르도 퇴돌』은 처음 발견된 뒤에도 오랫동안 비밀에 부쳐졌다. 스승들은 한 번에 한 명의 제자에게만 가르침을 전했다. 그러다 점차 공개적으로 가르침을 펴게 되었고, 1920년대가 되어 월터 에반스-웬츠(Walter Evans-Wentz)라는 미국의 인류학자가 영어로 된 번역본을 처음으로 만들었다. 그는 『티베트 사자의 서(The Tibetan Book of the Dead)』라는 다소 부정확하지만 사람들이 혹할 만한 제목으로 책을 냈다. 이 책은 서양에서 큰 인기를 얻었고 1960년대에는 히피들이 열광적으로 떠받드는 책이 되었다. 나 역시 그 히피들 중 한 사람이다. 그 책은 지금까지도 바르도에 관해 가장 널리 가르쳐지고 있는 불교 텍스트 중 하나이다.

부록 B

수행법

기본적인 앉기 명상

사마타-위빠사나("집중-통찰")라는 앉기 명상 기법은 우리 자신을 알아가는 황금 열쇠와 같다. 사마타-위빠사나 명상에서 우리는 허리를 곧추세우고 책상다리 자세로 자리에 앉는다. 눈은 뜨고 손은 허벅지에 올려놓는다. 이제 숨을 내쉬면서 내쉬는 숨을 단순히 알아차린다. 숨을 내쉬는 순간 그것과 함께하는 데는 상당한 정확성이 요구되지만 이렇게 알아차리면 매우 편안하고 지극히 부드러운 느낌이 일어난다. "숨을 내쉴 때 바로 거기에 함께 있으라"는 말은 "온전히 현존하라"는 의미이다. 일어나는 어떤 일이든 바로 그것과 함께한다는 뜻이다. 숨을 내쉬면서 그것을 알아차릴 때 우리는 지금 일어나는 다른 일도 알아차릴 수 있다. 거리에서 들려오는 소리, 벽에 달린 전등을 알아차린다. 이 다른 대상들이 우리의 주의를 잠시 잡아챌 수 있지만 거기에 끌려다닐 필요는 없다. 바로 여기에 앉아 내쉬는 숨을 계속 알아차릴 수 있다.

그런데 숨을 알아차리는 것은 이 명상 기법의 일부에 불과하다. 우리 마음속에 계속해서 일어나는 생각들 또한 사마타-위빠사나 명상 기법의 일부를 이룬다. 우리는 자리에 앉아 자기와 대화를 나눈다. 이때 생각하고 있음을 알아차리면 거기에 '생각'이라고 명칭을 붙인다. 마음이 다른 곳으로 달아나면 이때도 '생각'이라고 자신에게 말한다. 당신에게 일어나는 생각이 거칠든 사랑이든, 무지와 부정으로 가득한 생각이든, 걱정이든 두려움이든, 영적인 생각이든, 잘하고 있다는 즐거운 생각이든, 편안한 생각이든, 당신을 흥분시키는 생각이든, 어떤 생각이든 판단하지 않고 엄격하게 대하지 않으면서 그저 이 모든 것에 '생각'이라는 명칭을 정직하고 부드럽게 붙인다.

숨과 가볍게 접촉하라. 알아차림의 25% 정도만 숨에 두라. 숨을 움켜쥐거나 거기에 집착하지 않는다. 열린 태도로 당신의 숨이 방 안의 공간과 섞이도록 하라. 당신의 숨이 방 안의 비어 있는 공간으로 나가도록 하라. 그렇게 하다 보면 잠시 멈춤이 있을 것이다. 다음 숨이 나가기 전까지 잠깐의 틈이 생긴다. 이제 숨을 들이쉬면서 열림과 기다림의 감각이 일어날 수 있다. 초인종을 누른 뒤 집 안의 사람이 대답하기를 기다리는 상황과 비슷하다. 당신은 다시 한번 초인종을 누르고 누군가 대답하기를 기다린다. 그러다 보면 당신의 마음은 다른 곳으로 방황할 것이다. 당신은 자신이 다시 생각하고 있음을 깨닫는다. 이 시점에서 명칭 붙이기 기법을 사용하라.

명상 지침을 충실히 따르는 것이 중요하다. 명

칭을 붙일 때 자신에게 '제길!'이라고 말하는 것처럼 거칠고 부정적인 톤을 담으면 스스로 힘들어진다. 명칭을 붙일 때는 가볍게 해야 한다. 클레이사격(점토를 구워 만든 원반을 허공에 던져 쏘는 사격)에서 하듯이 당신에게 일어나는 생각을 명중시켜 없애는 것이 아니다. 부드럽게 해야 한다. 명칭을 붙이는 명상 기법을 당신 자신을 향한 부드러움과 연민의 마음을 계발하는 기회로 삼아라. 명상의 영역에서는 어떤 일이 일어나든 괜찮다. 핵심은 일어나는 현상을 똑바로 보고 그것과 친구가 되는 것이다.

더 이상 자신으로부터 숨지 말고 자신과 대면하라. 이것은 당황스럽고 고통스러운 경험일 수 있지만 커다란 치유를 안겨준다. 당신이 어떤 식으로 정직하지 못한지, 어떤 식으로 도망가고 사람들을 비난하는지, 어떤 식으로 마음의 문을 닫고 부정하고 차단하는지, 당신이 가진 온갖 별난 방식에 대해 알게 되는 것은 커다란 치유를 가져온다. 당신은 이 모든 것을 유머와 친절의 마음으로 알아볼 수 있다. 자기 자신을 알 때 모든 인간의 보편성에 대해서도 알게 된다. 우리는 누구나 이런 것들에 걸려 있고 막혀 있다. 이 점에서 우리는 모두 함께이다. 자신에게 말하고 있음을 알 때 거기에 '생각'이라고 명칭을 붙이라. 그러면서 명칭을 붙이고 있는 자신의 목소리 톤을 관찰하라. 그 목소리가 연민에 찬 부드럽고 유머러스한 목소리 톤이 되게 하라. 그렇게 하면 온 인류가 똑같이 지닌 오래된 패턴을 변화시킬 수 있을 것이다. 타인에 대한 연민은 자신에 대한 친절에서 시작된다. 얼마나 오래 앉는가는 당신에게 달렸다. 10분도 좋고 더 길게 앉아 있어도 좋다. 이것은 이번 생의 바르도와 죽음 과정의 바르도에 필요한 수련이지만, 그 밖의 다른 바르도를 지날 때도 분명 도움이 될 것이다.

열린 알아차림으로 명상하기:
욘게이 밍규르 린포체의 수행 안내

명상하지 않는 것이 최고의 명상이다. 진짜 명상에서 당신은 명상할 필요가 없다. 그저 당신의 마음을 지금 있는 그대로 놓아두면 된다. 당신의 마음 상태가 어떠하든 문제가 되지 않는다. 평화롭든 평화롭지 않든, 생각이 일어나든 일어나지 않든 문제가 아니다. 이 모든 것의 배경에는 알아차림이 있다. 그렇지 않은가? 그러니 그저 알아차림과 함께하라. 알아차림이 일어나도록 허용하라. 어떤 생각과 감정이 올라오든, 있는 그대로 그것을 받아들이고 있는 그대로 허용하라. 당신이 무의식 상태에 빠져 완전히 길을 잃지 않는 이상, 문제가 될 것은 없다.

자, 이제 수행을 시작하겠다. 이것은 '열린 현존 명상'이라고도 부른다. 때로 '대상 없는 명상'이라고도 부른다. 몇 가지 다른 이름이 있다. 어떤 전통 텍스트에서는 '도움받지 않는 명상'이라고 칭한다.

명상 자세를 취하고 자리에 앉는다. 먼저 부드럽게 숨을 내쉬는 것으로 수행을 시작한다. 자연스럽게 숨을 들이쉬고 내쉰다. 날숨의 끝에 이르면 자연스럽게 멈춤이 일어날 것이다. 이 멈춤의 시간 동안 열린 알아차림 속에 단순히 머문다. 이제 숨을 들이쉬려는 마음이 일어나면 숨을 들이쉰다. 숨을 들이쉬고 내쉬는 동안 편안하게 몸을 이완한다. 자연스럽게 숨을 쉰다. 그러면서 매번의 날숨의 마지막에 잠시 멈추는 동안 단순히 알아차림에 머문다. 이 멈춤의 순간이 조금씩 더 길어지는지 관찰해본다. 명상 자세를 그대로 유지한다. 어떤 것도 억지로 하지 않는다. 숨을 들이쉬고 내쉬면서 들숨과 날숨 사이의 잠깐의 멈춤에 머문다.

좋다. 어땠는가? 이제 숨을 잠시 멈추는 일 없이 해보겠다. 완전히 자연스럽게 호흡하는 것이다. 호흡을 가지고 어떤 것을 할 필요가 없다. 마음이 그냥 편하게 쉬도록 하라. 현존의 감각과 그저 함께한다. 이렇게 머물 때 당신은 길을 잃지 않는다. 알아차림이 있다. 그러나 그 알아차림은 특별한 대상을 갖지 않는다. 당신은 그저 편안하게 이완한다. 어떤 사람은 현존의 감각, 존재의 감각을 느낀다. 무언가가 거기 있는데 정확하게 설명할 수는 없다. 그러나 당신은 길을 잃지 않았다. 당신은 명상을 하는 게 아니라 길을 잃은 것도 아니다. 그렇지 않은가? 그게 전부다.

통렌 수행

'받아들임과 내보냄'이라고도 하는 통렌 수행은 괴로움은 피하고 즐거움만 좇는 우리의 평소 논리를 뒤집는 수행이다. 통렌 수행에서 우리는 숨을 들이쉴 때마다 다른 사람의 고통을 자기 안에 받아들이고, 숨을 내쉴 때마다 다른 사람에게 이로움이 되는 것을 내보낸다고 상상한다. 이 과정에서 우리는 자신의 아주 오랜 이기적 패턴에서 벗어난다. 그러면서 자신과 타인에 대한 사랑을 느낀다. 자신과 타인을 함께 돌보기 시작한다.

통렌 수행은 우리가 가진 연민의 마음을 일깨워 더 큰 실재가 드러나는 곳으로 우리를 안내한다. 그것은 순야타(shunyata, 空)라는 한계 없는 공간으로 우리를 데려간다. 통렌 수행을 통해 우리는 우리 존재의 열린 차원과 연결을 맺기 시작한다.

통렌 수행은 아픈 사람, 죽어가는 사람, 이미 죽은 사람, 또는 어떤 종류이든 고통을 겪고 있는 사람을 위해 할 수 있다. 통렌 수행은 정식 명상 수행으로 할 수도 있고, 바로 그 자리에서 언제든 해도 좋다. 길을 걷다 아픈 사람을 보면 숨을 들이쉬면서 그의 고통을 자기 안에 받아들이고 숨을 내쉬면서는 그에게 편안함을 보내는 식이다.

고통을 당하고 있는 사람을 보면 우리는 대개 다른 곳으로 눈을 돌리고 만다. 그들이 당하거나 겪는 고통이 우리 안의 두려움과 분노, 반발심과 혼란을 일으키기 때문이다. 그렇다면 우리는 우리와 마찬가지 처지에 놓인 모든 사람을 위해 통렌 수행을 할 수도 있다. 다시 말해 연민의 마음을 내고 싶어도 두려움에 떠는 사람들, 용감하게 나서고 싶지만 겁쟁이처럼 움츠러드는 사람들을 위해 통렌 수행을 할 수 있는 것이다. 자신을 사정없이 비난하기보다, 자신이 개인적으로 힘들어하고 막혀 있는 부분을 세상 사람들이 겪고 있는 괴로움을 이해하는 디딤돌로 삼을 수 있다. 독약처럼 보여도 그것을 약으로 활용할 수 있는 것이다. 자신의 괴로움을 모든 존재를 위해 연민의 마음을 일으키는 방법으로 사용할 수 있다.

통렌 수행을 정식으로 하려면 다음의 네 단계를 밟아야 한다.

1. 보리심을 일으킨다
열림과 고요함에 1~2초 마음을 머문다.

전통적으로 이 단계를 '절대적 보리심 일으키기', '깨어난 가슴과 마음', '근본적 공간과 명료함에 열림' 등으로 부른다.

2. 시각화를 시작한다

질감을 느낀다. 숨을 들이쉬면서 뜨거움과 어둠, 무거움 등의 느낌을 받아들인다. 이것은 갇혀 있는 느낌이다. 숨을 내쉬면서는 시원함, 밝음, 빛의 느낌을 내보낸다. 이것은 신선함의 느낌이다. 주변의 부정적 에너지를 당신의 모든 땀구멍을 통해 완전히 받아들인다. 숨을 내쉬면서 당신의 모든 땀구멍을 통해 긍정적 에너지를 적극적으로 내보낸다. 당신의 들숨, 날숨과 리듬이 맞을 때까지 시각화를 계속한다.

3. 개인적 상황에 집중한다

이제 당신에게 실제로 일어나고 있는 고통스러운 상황에 집중한다. 전통적으로는, 당신이 소중히 여기는 사람이나 도움을 주려는 사람에서부터 통렌 수행을 시작하는 것이 일반적이지만, 자신이 힘든 상황에 있다면 당신이 느끼는 고통에 대해 통렌을 수행할 수도 있다. 그러면서 동시에 당신과 같은 종류의 고통을 겪고 있는 사람들을 위해 통렌을 수행한다. 가령, 당신이 지금 스스로 못났다고 느끼고 있다면, 숨을 들이쉬면서 자신이 부적절한 존재라는 느낌을 당신 자신을 위해 그리고 같은 처지에 있는 다른 모든 사람을 위해 당신 안에 받아들인다. 그리고 숨을 내쉬면서 당신 자신과 그들을 위해 자신감과 자존감, 편안함을 내보낸다.

4. 연민의 마음을 확장한다

마지막으로, 이번에는 받아들임과 내보냄을 더욱 넓게 확장한다. 당신이 사랑하는 사람을 위해 통렌을 수행하고 있다면, 이번에는 같은 상황에 처한 모든 사람을 향해 확장한다. 텔레비전에 나오는 사람이나 길에서 보는 사람을 위해 통렌을 수행하고 있다면 이번에는 같은 처지에 있는 모든 사람을 위해서 해본다. 한 사람이 아니라 더 많은 사람을 대상으로 통렌을 확장해 본다. 심지어 당신의 적이라고 생각되는 사람들을 위해서도 할 수 있다. 당신에게 해를 입혔거나 다른 이들을 해친 사람들 말이다. 그들 역시 우리의 친구나 우리와 마찬가지로 혼란과 답답함을 느끼고 있을 거라고 상상하며 그들을 위해 통렌을 해본다. 숨을 들이쉬며 그들이 겪고 있는

고통을 당신 안에 받아들인다. 숨을 내쉬
면서 편안함과 안락함을 당신 밖으로 내보
낸다.

이처럼 통렌은 끝없이 확장할 수 있다. 이렇게 수행
하면서 시간이 흐르면 당신의 연민심은 자연스럽게
점점 더 커질 것이다. 또 모든 것이 당신이 생각하는
것만큼 단단하게 고정되어 있지 않다는 깨달음도
일어날 것이다. 이것이 공(空)을 보는 것이다. 당신만
의 속도에 맞춰 조금씩 통렌 수행을 해나가다 보면
예전에는 도저히 불가능해 보였던 상황에서 다른
사람을 돕기 위해 기꺼이 나서는 자신을 보게 될 것
이다.

부록 C

분해 단계

1단계	흙의 요소가 물의 요소로 변함 무거운 느낌, 가라앉는 느낌 시각 상실 비밀의 신호: 희미하게 반짝이는 신기루
2단계	물의 요소가 불의 요소로 변함 목마름, 체액을 조절하지 못함 청각 상실 비밀의 신호: 연기
3단계	불의 요소가 공기의 요소로 변함 추운 느낌, 따뜻해지지 않음 후각 상실 비밀 신호: 반딧불이, 빛의 불꽃
4단계	공기의 요소가 공간의 요소로 변함 숨쉬기 힘듦, 들숨이 짧아지고 날숨이 길어짐 미각 상실 비밀 신호: 버터램프* 또는 횃불의 형상

---

* 버터램프는 티베트 사원에서 주로 쓰는 램프. 전통적으로는 야크 버터를 사용했으나 지금은 주로 식물성 기름을 쓴다(옮긴이).

5단계	공간의 요소가 의식의 요소로 변함 날숨 정지 촉각 상실 비밀의 신호: 버터램프 형상이 계속됨
그 이후	내면의 분해 몸이 죽음 3단계에서 들숨이 멈춤(아래) 세 단계에서 의식이 멈춤(미묘, 더 미묘, 가장 미묘) 1. 나타남: 흰색. 달빛 가득한 순수 하늘과 같음. 　분노가 사라짐 2. 증가: 붉은색. 모든 것이 붉은색으로 나타남. 　정욕과 갈애가 사라짐 3. 얻음: 검은색. '의식을 잃거나' 마음의 참 본성을 　인식함(어머니 빛과 아이 빛이 만남) 내면의 분해가 끝나면 의식이 몸을 떠남

오불부족(五佛部族, Five Buddha Familes)

상징	금강부(金剛部, Vajra)	보부(寶部, Ratna)
요소	물	흙
색**	흰색	노란색
방향	동쪽	남쪽
계절	겨울	가을
지혜 측면	거울 같은 지혜: 날카롭고 정확하고 명료하고 꿰뚫어 보는 프라즈냐(분별하는 자각), 불명성, 지성	평등심의 지혜: 풍요로움, 풍부함, 관대함, 자신을 내어줌, 매혹, 느긋함
신경증 측면***	공격성: 지적 고착, 차가움, 비판, 단호함	자만심: 과시, 불필요한 확장, 결코 충분하다고 여기지 않음

** 각각의 불부족과 관련된 색깔과 기타 특성을 둘러싼 전통이 서로 다를 수 있음에 유의.

*** 신경증적 측면은 지혜(또는 깨달음)의 측면으로 변화될 수 있다.

연화부 (蓮華部, Padma)	갈마부 (羯磨部, Karma)	불부 (佛部, Buddha)
불	공기	공간
붉은색	녹색	파란색
서쪽	북쪽	만다라의 중앙
여름	봄	-
분별하는 지혜: 연민, 환대, 열림, 탐구, 배려	모든 것을 성취 하는 지혜: 행동의 목적을 쉽게 달성	다르마타 지혜: 널따람, 안정, 현명함, 숙고, 기본적 공간의 토대
갈애: 에고(자아)를 위해 유혹함, 거짓 미소, 모두가 자기를 좋아하길 바람	질투심: 매우 예민함, 비판적, 지나치게 효율 성을 추구, 신속, 단일하고 말끔한 세상을 만들기 원함	무지: 멍한 상태, 배려 없음, 우울, 가장 노력이 적게 드는 일만 하려고 함, 무딤

삼사라 윤회의 여섯 세상

삼사라 윤회의 여섯 세상은 맨 위에서부터 시계방향으로 신의 세상, 질투하는 신의 세상, 아귀 세상, 지옥 세상, 동물 세상, 인간 세상 순이다. 원 중앙의 새, 뱀, 돼지는 세 가지 주요 번뇌인 갈애, 공격성, 무지를 의미하는데 이 감정들은 우리가 삼사라 윤회를 경험하게 하는 마음 상태와 행동을 일으킨다. 가운데 원, 즉 여섯 세상(바깥 원)과 세 가지 주요 번뇌(안쪽 원) 사이의 원에서 왼쪽 절반은 고귀한 세상에 다시 태어나게 하는 긍정적인 행동을, 오른쪽 절반은 저급한 세상에 다시 태어나게 하는 부정적인 행동을 나타낸다.

더 읽을거리

- Anam Thubten. *A Sacred* Compass. Point Richmond, CA: Dharmata Foundation, 2020.
- Anyen Rinpoche. *Dying with Confidence: A Tibetan Buddhist Guide to Preparing for Death.* Boston: Wisdom Publications, 2014.
- Chögyam Trungpa. *Journey without Goal: The Tantric Wisdom of the Buddha.* Boston: Shambhala Publications, 2010. First edition 1981.
- Chögyam Trungpa. *Transcending Madness: The Experience of the Six Bardos.* Boston: Shambhala Publications, 1999. First edition 1992.
- Chögyam Trungpa and Francesca Fremantle. *The Tibetan Book of the Dead: The Great Liberation through Hearing in the Bardo.* Boulder: Shambhala Publications, 2019. First edition 1975.
- Dzogchen Ponlop. *Emotional Rescue.* New York: Tarcher-Perigee, 2016.
- Dzogchen Ponlop. *Mind Beyond Death.* Ithaca, NY: Snow Lion Publications, 2008.
- Dzongsar Jamyang Khyentse. *Living Is Dying: How to Prepare for Death, Dying, and Beyond. Boulder:* Shambhala Publications, 2020.
- Fremantle, Francesca. *Luminous Emptiness.*

Boston: Shambhala, 2003.

- Holecek, Andrew. *Preparing to Die*. Boston: Snow Lion, 2013.
- McLeod, Ken. *Reflections on Silver River: Tokmé Zongpo's Thirty-Seven Practices of a Bodhisattva*. Los Angeles: Unfettered Mind Media, 2013.
- McLeod, Ken. *Wake Up to Your Life: Discovering the Buddhist Path of Attention*. San Francisco: Harper San Francisco, 2002.
- Saunders, George. *Lincoln in the Bardo: A Novel*. New York: Random House, 2018.
- Sogyal Rinpoche. *The Tibetan Book of Living and Dying*. San Francisco: Harper San Francisco, 1992.
- Tulku Thondup. *Peaceful Death, Joyful Rebirth*. Boston: Shambhala Publications, 2007.
- Yongey Mingyur and Helen Tworkov. *In Love with the World: A Monk's Journey through the Bardos of Living and Dying.* New York: Random House, 2019.

- 한국어판 제목은 『우리는 날마다 죽는다: 티베트 승려의 삶과 죽음의 바르도 체험기』.

감사의 말

우선 나의 사랑하는 스승들에게 감사의 말을 전하고 싶다. 그분들이 없었다면 바르도의 가르침이 도대체 무엇을 의미하는지 감도 잡지 못했을 것이다.

다음으로, 강력한 모범을 보여주신 욘게이 밍규르 린포체에게 감사를 전하고 싶다. 그는 열린 알아차림에 관한 자신의 명상법을 사용할 수 있도록 승낙해주었다. 에릭 페마 쿤상과 프란체스카 프레맨틀은 바르도 가르침의 어려운 측면을 명료하게 밝혀주었고, 헬렌 트워코브는 밍규르 린포체의 이야기에 관한 질문에 답을 해주었다.

샴발라출판사의 사라 스탠턴은 이 책을 독자들과 연결하는 데 있어 여러 가지 귀한 조언을 전해주었다. 샴발라출판사의 니코 오디세오스와 이반 버콜즈는 소중한 리더십과 지원을 아끼지 않았다. 나의 가장 충직한 독자 중 한 사람인 바바라 애브럼스는 이 책의 초고를 읽고 통찰력 넘치는 피드백을 제공해주었다.

마지막으로, 나의 친구이자 다르마 형제인 조지프 왁스먼에게 특별한 고마움을 전하고 싶다. 그는 내 이야기를 글로 옮겨 적고 그것을 책으로 만들어내는 고된 작업을 마다치 않고 해주었다. 그리고 가슴으로 만나는 나의 친구 조이 왁스먼과 함께하는 작업은 나에게 언제나 커다란 기쁨이다.

저자 소개

아니 페마 초드론(ANI PEMA CHÖDRÖN)은 1936
년 뉴욕시에서 데이드레 블롬필드-브라운(Deidre
Blomfield-Brown)이라는 이름으로 태어났다. 그녀는
코네티컷에 있는 기숙학교인 미스 포터스 스쿨(Miss
Porter's School)을 다녔으며 캘리포니아 버클리 대학을
졸업했다. 뉴멕시코주와 캘리포니아주에서 오랫동
안 초등학교 교사로 가르쳤다. 아니 페마는 두 명의
자녀와 세 명의 손자를 두고 있다.

　30대 중반에 아니 페마는 프랑스 알프스산맥을
여행하던 중 라마 키메 린포체(Lama Chimé Rinpoche)와
만나 그에게 여러 해 공부했다. 그녀는 런던에서 라
마 키메와 공부하던 중 1974년 사미니●가 되었다.

● 불교에 입문해 열 가지 계율을 받고 수행 중인 여성 출가자로, 구족계를 받은
　여성 출가자인 비구니의 이전 단계.

페마 초드론

©Christine Alicino

아니 페마는 당시 스코틀랜드에 있던 16대 카르마파 성하에게 계를 받고 스님이 됐다.

아니 페마는 1972년에 자신의 근본 스승인 초 감 트룽파 린포체를 처음으로 만났다. 라마 키메는 그녀에게 초감 트룽파 린포체와 함께 공부하도록 독려했다. 1974년부터 그가 죽은 해인 1987년까지 공부하는 동안 그녀가 가장 깊은 연결을 맺었던 시기는 그와 함께하는 동안이었다. 16대 카르마파 성하의 요청으로 그녀는 1981년 홍콩에서 완전한 비구니계를 받고 중국 불교계에 입단했다. 1984년 노바스코샤의 전원 케이프 브레턴에 있는 감포 수도원의 주지로 옮겨갈 때까지 콜로라도 보울더의 카르마 종(Karma Dzong)에서 상임이사로 봉직했다. 초감 트룽파 린포체는 그녀에게 서양인 비구와 비구니를 위해 이 사원을 설립하도록 특별한 지침을 전했다.

아니 페마는 현재 미국과 캐나다에서 가르치고

있으며, 지가 콩트룰 린포체의 지도 아래 홀로 수행하는 시간을 더 많이 가질 계획이다. 그녀는 모든 전통의 서양불교인들과 생각과 가르침을 나누며 같이 공부하며, 서양에 티베트불교 종단을 설립하는 데도 관심을 두고 있다. 이 목적을 위해 설립한 비영리재단인 페마 초드론 재단은 인도와 네팔의 티베트불교 비구니들과 미국의 고위험 개인과 집단을 돕는 단체들을 지원하고 있다.

그녀는 다음과 같은 몇 권의 책을 썼다. 『지금 있는 곳에서 시작하라(Start Where You Are)』, 『모든 것이 산산이 무너질 때(When Things Fall Apart)』, 『지금 여기에서 달아나지 않는 연습(The Places That Scare You)』 등 한국어판과 『Welcoming the Unwelcome』, 『The Wisdom of No Escape』, 『Becoming Bodhisattvas』, 『Practicing Peace』, 『Living Beautifully』 등이 있다.

죽음은 내 인생 최고의 작품
어떻게 사느냐가 어떻게 죽느냐를 결정한다
ⓒ페마 초드론, 2023

2023년 8월 25일 초판 1쇄 발행

지은이 페마 초드론 • 옮긴이 이재석
발행인 박상근(至弘) • 편집인 류지호 • 편집이사 양동민
책임편집 최호승 • 편집 김재호, 양민호, 김소영, 하다해 • 디자인 쿠담디자인
제작 김명환 • 마케팅 김대현, 이선호 • 관리 윤정안 • 콘텐츠국 유권준, 정승채
펴낸 곳 불광출판사 (03169) 서울시 종로구 사직로10길 17 인왕빌딩 301호
　　　　대표전화 02)420-3200 편집부 02)420-3300 팩시밀리 02)420-3400
　　　　출판등록 제300-2009-130호(1979. 10. 10.)

ISBN 979-11-92997-71-1 (03220)

값 20,000원

잘못된 책은 구입하신 서점에서 바꾸어 드립니다.
독자의 의견을 기다립니다. www.bulkwang.co.kr
불광출판사는 (주)불광미디어의 단행본 브랜드입니다.